acredita

Júlia Domingues

autora do blogue "Só que não"

Acredita

a vida sabe o que faz

www.egoeditora.com
geral@egoeditora.com

Ficha Técnica:

Título – Acredita - a Vida sabe o que faz
Autora – Júlia Domingues
Composição Gráfica – EGO
Imagens da Capa e Contracapa – *freepik©*
Fotografia da Autora – Júlia Domingues©
Revisão de Texto – EGO
Paginação – EGO
Edição – EGO
1ª Edição – Junho 2020
ISBN – 978-9895471737
Depósito Legal – 470117/20

*A todos os que acreditaram.
Aos que não me deixaram desistir
e aos que sonharam ao meu lado.*

*Ao meu pai
(que me estruturou para
nunca abandonar os meus sonhos)*

índice

Há sabedoria nisso, sabedoria de vida,
em receitar para si mesmo a saúde
em pequenas doses e muito lentamente.

Friedrich Nietzsche

introdução

Se há três anos me dissessem que, hoje, estaria a escrever umas palavras para o meu primeiro livro, eu desatar-me-ia a rir. Não porque acreditasse que isso fosse impossível, mas porque acharia pouco provável. No entanto, a verdade é que tudo começa assim. Tudo começa com os nossos sonhos. Tudo começa quando, num dia como o de hoje, onde o sol espreita por entre as grossas nuvens, eu, ou tu, sentados num sofá, ou numa cadeira de café, ou mesmo numa esplanada à beira-mar, decidimos tirar os sonhos do bolso e dar-lhes uma oportunidade.

Tudo pode começar num dia como o de hoje. Senão vejamos: a escrita sempre andou de mãos dadas comigo. Desde cedo que deixo palavras escritas por aqui e por ali; primeiro nas contracapas dos cadernos da escola, depois nos guardanapos de café, e mesmo nos cadernos das minhas melhores amigas. Semeei palavras por onde fui passando. Umas sérias, outras divertidas, umas doridas, outras esperançosas. Semeei-as e elas, um dia, brotaram. Floresceram. Ganharam importância. E tudo aconteceu num dia como o de hoje, onde o despertador tocou à mesma hora, a fila de trânsito continuou gigante e o dia tinha tudo para ser mais um dia igual a tantos outros dias. Mas os sonhos nunca me abandonaram, ou melhor, eu nunca abandonei os meus sonhos e, nesse dia, a medo, com o nervoso miudinho preso na ponta dos dedos, cliquei no botão enviar da plataforma de escrita criativa. Quase que por impulso, os meus sonhos obrigaram-me a ir em frente. Sussurraram-me:

– Vai em frente. E se der medo, vai com medo na mesma.

E eu fui. Fui com medo, com esperança, com as borboletas a querem-me fugir do estômago, com as mãos a suar, mas com os sonhos pela mão. Aos poucos, fui percebendo que as palavras que, de início, escrevia para mim, afinal não eram (só) minhas. As palavras que me curavam a dor, que me confortavam na desilusão; as vezes que escrevia que não fazia mal chorar, que nem todos os dias conseguia ser forte, afinal essas palavras não eram (só) minhas. Eram tuas. E tuas. E também tuas. Eram de tanta gente que concluí que as palavras, quando são verdadeiras, tornam-se maiores do que nós.

Foi assim que nasceu o Só que não, um espaço onde as palavras iriam ter espaço para chegar onde quisessem. Em agosto de dois mil de dezasseis, num dia como o de hoje, quando o sol já se deitava tarde e a noite era a melhor ouvinte, e quando o só que não dava os primeiros passos, iniciei a escrita do meu primeiro romance. Apaixonei-me pela ficção narrativa e descobri que em todas as estórias que contamos deixamos um pouco de nós. Desde esse dia, que escrevo todos os dias. Desde esse dia, que sei que tudo pode acontecer. E vai acontecer. Como sei? Porque, desde esse dia, que trabalho para isso. Todos os dias. Há uma certa vaidade quando nos dizem que, quando escrevemos algo, parece que lemos os pensamentos das outras pessoas. Ou que era precisamente isso que precisavam de ouvir, naquele momento, ou mesmo que o dia ficou substancialmente melhor depois de lerem as nossas palavras. Há um certo orgulho nisso, um certo brio e muita responsabilidade. A lealdade que as pessoas demonstram diariamente exige que correspondas da mesma forma. Com lealdade. Mantendo-me leal a mim, sei que serei leal com os outros.

Há aqui outro fator determinante em todo este processo. Se para iniciares todo este processo é importante acreditares em ti, para o continuares é necessário que acreditem. E acredita quem está ao teu lado. Acredita quem, nos dias em que as coisas não correm tão bem, nos dias em que os sonhos te parecem mais distantes, menos verosímeis, nos dias em que te faltam as forças, te diz que vai correr tudo bem. Acredita quem fica à espera contigo, quem não desiste e os que têm a certeza – mesmo nos dias em que tu não tens. A eles, muito obrigada. Sem eles nada disto era possível.

Desde que decidi partilhar a minha escrita; desde que decidi partilhá-la contigo, e contigo e contigo, que muita já coisa aconteceu. Acreditei mais em mim, fui estudar escrita, estou a preparar o meu segundo romance, escrevi um livro infantil, participo, como cronista, em várias plataformas de escrita de opinião, sou membro em grupos de escrita e sei que ainda tenho tudo para aprender. Mas, tal como a vida ensina, tudo tem um tempo próprio para acontecer. E eu estou no meu tempo.

Se há três anos me dissessem que, hoje, estaria a escrever umas palavras para o meu primeiro livro, eu desatar-me-ia a rir. Não porque acreditasse que isso fosse impossível, mas porque sei que tudo acontece em dias como os de hoje.

Acredita, a vida sabe o que faz.

Júlia Domingues

Perguntas-me porque
compro arroz e flores?
Compro arroz para viver
e flores para ter algo
pelo que viver.

Confúcio

a vida

1.

O problema é que utilizamos demasiados «ses».

Confiamos demais nos «mas». Fazemo-nos acompanhar das «incertezas». Das nossas. Das dos outros. Das de fora. E das de dentro também. E o mais preocupante é o espaço que isso vai ocupando na nossa vida. Vida que, entretanto, deixa de ser vida para passar a ser uma subespécie de lamento. De tormento. De angústia e, tantas vezes, de dor.

O problema é que arriscamos vezes de menos para evitarmos sofrer vezes de mais.

O problema é que deixamos de amar primeiro para ficamos à espera que nos amem depois. O problema é que deixamos de sorrir com medo de chorar. O problema é que deixamos de viver o «agora» com pânico de viver o «depois». O problema é que, neste entretanto, deixamos de viver. Só que este entretanto; este intervalo; este lapso temporal é a vida. Precisamente aquela que fazemos apoiar nos «ses», nos «mas» e nas «incertezas».

Sim, vou chorar. (Mas) antes vou encher-me de todos os sorrisos, de todas as gargalhadas que me tiram o fôlego, de todas as noites com poucas horas de sono, do sal que me tempera a pele, da lua que me sussurra o caminho, das paixões que me devolvem o sonhar, dos amores que ficarão para sempre. E dos amores que nem sequer vão ficar. E (se) nada disto resultar, e (se) isto não for o certo, e (se) este não for o caminho, e (se) esta deixar de ser a minha certeza, resta-me (re)começar. (Re)ajustar. (Re)aprender. Voltar a tentar.

(Mas) agora, deixem-me ir.
Deixem-me ser.
Deixem-me amar.
Sorrir.
Gritar.
Deixem-me viver.
Enlouquecer.
Deixem-me tirar as teimas
Do que é isto a que chamam viver.
Não quero ser feita de «ses», «mas» ou «talvez»,
Porque a única certeza que tenho nesta vida,
É que só se vive uma vez!

2.

Teimamos em conhecer as pessoas pelas palavras que elas dizem.

A vida tem-me ensinado que é nos (seus) silêncios que são reveladas as mensagens mais importantes.

3.

– És livre. Vai.

– Mas eu quero ficar contigo.

– Foi o que eu disse. Ser livre é querermos ficar nos sítios onde nos deixam ir.

4.

Aceita o que a vida te dá.

Não te resignes com o pouco, mas não queiras o que não é teu! O que não te pertence. O que não te serve. Não tentes calçar sapatos apertados! Por muito que eles te pareçam bonitos; por muito que te apeteça calçá-los e por muito que aparentemente eles te fiquem bem, nunca serão a tua medida. Aos poucos, devagarinho, vão começar a incomodar-te. Como uma moinha que vamos aguentando, mas que sabemos que existe. E, aos poucos, devagarinho, começas a perceber que o que querias que te assentasse bem – à força –, o que querias que te servisse, não passa de uma farsa. De um conforto que não existe e de uma felicidade que nunca chega. O que não é para ti, nunca te servirá. Por muito que tentes. Por muito que queiras. Por muito que desejes. O que não é feito para nós, nunca nos há de ficar bem.

Anda descalça! Sente o chão debaixo dos pés. Sente a vida a tocar-te na pele.

A vida, essa, encarregar-se-á, a seu tempo – que nem sempre é no tempo que desejamos, – de nos mostrar o caminho. De nos trazer os sapatos certos. Os mais bonitos. Os mais confortáveis. Os melhores.

Por isso, aceita!
Aceita o que a vida te dá.

Não fiques em sapatos apertados. Que não te servem. Por muito que queiras usá-los, nunca hás de senti-los teus. Assim é o amor. Por muito que queiramos que tenha as nossas medidas, se não for feito para nós, nunca nos há de servir (na alma). Não fiques em sítios que não têm a tua morada, não te demores em pessoas que não se demoram em ti e não aceites amores que não são teus. Se na vida só tiveres experimentado sapatos apertados, nunca hás de saber o que é a felicidade de caminhar nuns sapatos confortáveis.

5.

Nunca te forces a ficar.

Não esperes por um telefone que não toca ou por uma mensagem que não chega. Não vivas no intervalo da vida de alguém. Na sua sombra. Nas suas pausas. Aprendi que nem todos temos de ter as mesmas medidas. De querer. De amar. De desejar. E não vale a pena culpar ninguém. Não vale a pena achar que a pessoa é que está errada. A culpa não é de ninguém. O que nos acontece são apenas indicadores da vida que nos mostram que ainda não é essa a nossa praia. O nosso lugar. A nossa outra metade. Por isso, nunca te forces a ficar. O amor, seja em que plano for, nunca é feito de esforços. De pesos. Nunca acontece apenas nos intervalos da vida. Bons momentos, nunca deixarão de ser bons momentos. Mas se os bons momentos forem apenas vividos nos espaços das ausências, dos silêncios, das incertezas, a única coisa que conseguimos construir daí é apenas uma manta de retalhos. E essas, por norma, trazem pouco agasalho. Por isso, nunca te forces a ficar. Porque o amor não se força. Nem tem hora marcada. Não pede para ficar. Instala-se. E, curiosamente, quando isso acontecer vais perceber que o telefone vai tocar sem estares à espera, o sinal de mensagem vai soar e aquele sorriso meio parvo vai-te começar a acompanhar. Nunca antecipes o que tem hora certa para acontecer.

Porque quando for amor, não vais esperar, vais viver!

6.

A vida ensina.

Ensina o lugar das coisas. Onde elas devem estar, onde devem permanecer e o momento exato em que devem acontecer. Nada acontece por acaso e, por vezes, só mais tarde entendemos os seus ensinamentos. Mas, uma coisa é certa, o que vivemos em cada momento já ninguém nos tira.

O que sentimos ninguém nos rouba.

O que fomos e o que somos em nós fica guardado. Porque acredito que (re)nascemos mais um pouco em cada sorriso trocado, em cada abraço dado e em cada beijo desejado. Ficamos em cada história vivida. Da mesma forma que trazemos em nós o que um dia vivemos no outro. Porque, na verdade, apenas possuímos o que é verdadeiramente nosso. O resto, devemos deixar livre.

7.

Tentar. Acima de tudo, tentar.

Mesmo que o mais certo seja cair. E mesmo que o tombo seja grande. Que aleije. Que, muitas vezes, magoe mais por dentro do que por fora. Que nos atire a cara na lama. Mesmo que seja para dar errado. Mas, acima de tudo, devemos tentar. Tentar por nós. Essencialmente por nós. Pelo que queremos. Pelo que Almejamos. Tentar pelo que nos faz acelerar o coração. Pelo que nos faz viver. Sentir vivos. Acima de tudo tentar. E tentar tudo. E se, um dia, não der certo, não faz mal. Não há mal nenhum em estarmos errados. Não há mal nenhum em constatar, mais tarde, de que aquele não foi o melhor caminho. A melhor opção. Não há mal nenhum em dar um passo atrás para poder começar de novo, para tentar outra vez. Porque, acima de tudo, devemos tentar.

O quê? Tentar ser feliz. E isso será a única coisa que eu nunca me irei arrepender de tentar.

8.

Sim, sou forte. A maior parte das vezes, sou forte. Mas, às vezes, também preciso de fraquejar. Também preciso de baixar a cabeça e aceitar que erro (e erro tanto). E não é isso que faz de mim fraca. Não é isso que faz de mim menos. Não. Às vezes, só preciso respirar fundo. De insuflar os pulmões de ar e reajustar a rota.

Sim, sou forte.

A maior parte das vezes sou forte. Mas, há dias, em que sabe bem um abraço, em que é necessário um embalo e em que faz falta um sussurro por perto que nos diga que vai ficar tudo bem.

Sim, sou forte.

A maior parte das vezes sou forte. Mas quando fraquejo, quando tombo, quando baixo a cabeça, levo comigo uma certeza. Que é assim que me renovo, que é assim que me reajusto e que é assim que sigo em frente.

Sim, sou forte. A maior parte das vezes sou forte. Porque fracos, fracos são aqueles que pensam que conseguem ser fortes para sempre.

9.

Confia,
a vida encontra sempre maneira
de voltarmos a ser felizes.

10.

Sim, sonho alto! Sonho o mais alto que consigo.

Sonho bem lá por cima. Porque os sonhos precedem a realidade. Porque se não sonhar, não existo. Sonho, mas persisto! Não me fico apenas pelo sonhar. Idealizo, crio, vou à luta. Tantas quantas vezes forem precisas. E se hoje falhar, amanhã volto a tentar. Porque se não sonhar, não existo. Se não guardar em mim sonhos; se não quiser o melhor da vida, então ambiciono nada. E querer nada, é aceitar morrer! E se o sonho comanda a vida, então, eu quero aprender a viver.

11.

Nem sempre sei como se faz! Nem sempre sigo o melhor caminho e, na minha vida, nem sempre coleciono as melhores decisões. Por vezes, ignoro os melhores conselhos, talho por trilhos incertos e desaguo em águas agitadas.

Nem sempre sei como se faz! Às vezes, o que tenho como certo deixa de (me) fazer sentido. Às vezes, preciso de recuar. (Re)ajustar. (Re)alinhar. Mas não é isso que me tolhe o ser. Não é isso que me diminui o querer e não é isso que me faz sombra à alma. Nem é isso que me impede de ir. Vou na mesma. Vou sempre. Vou com medo, com incertezas, com expectativas.

Nem sempre sei como se faz! Mas sei o que quero, o que sinto, o que almejo. Sei que sonho, que ambiciono, que realizo. Sei que me realizo. Por isso, vou! Vou sempre. Porque, maior que a incerteza de como fazer, estará sempre a certeza do meu querer!

12.

Não é a forma como caímos,
É a **certeza** com que nos levantamos.

13.

Todos temos o nosso tempo.

Todos precisamos de um tempo próprio para as coisas aconte-cerem. Para escolher. Para acertar e para errar. Vão existir sempre escolhas certas e outras que, mais tarde, vão precisar de ser ajus-tadas. A isso chama-se viver. Aceitar que o erro, muitas vezes, nos empurra para a frente. E que é quando passamos pelos erros que, muitas vezes, nos (re)encontramos, (re)aparecemos, emergimos de um sufoco que nos roubava o ar.

Todos temos o nosso tempo. De errar, de acertar, de resilir, de reparar. Não há tempos certos ou errados. E para viver vamos sem-pre a tempo.

Dar errado não tem mal, o que tem mal é deixar de acreditar que, um dia, vai dar certo.

14.

Nada é mais belo do que a força de um começar. Nada é mais nítido do que a esperança de um novo dia. Nada é mais encorajador do que a nesga de luz que rasga o cinzento do céu. Nada é mais certo do que a certeza com que vestimos um *«vai correr tudo bem»*! Nada é maior do que nós. Nada é mais importante do que tu, do que escolhes ser e de como escolhes começar, todos os dias!

Porque, na verdade, o segredo da vida não é a forma como ela se apresenta perante ti, mas sim a certeza com que te apresentas perante ela!

15.

Se vou voltar a errar?
Quase de certeza.

Se vou voltar a fazer tudo, outra vez?
Muito provavelmente.

Se vou voltar a acreditar que desta vez é de vez?
Claramente.

Alguns chamam-lhe teimosia.
Eu aprendi a chamar-lhe VIVER!

16.

Muda as regras:
Há fins que antecedem
grandes (re)começos.

17.

Já deixei coisas por fazer
Já chorei às escondidas
Já fiquei de pijama o dia todo
Já gritei com quem não devia
Já tomei decisões erradas
Já deixei projetos a meio
Já desiludi um amigo
Já sofri por amor.
Já perdi pessoas que amava
Já tive medo de falhar
Já tentei ser perfeita (e não consegui)
Mas há uma coisa que nunca vou desistir de tentar:
Ser feliz!

18.

Já recebi presentes sem estar à espera. Já ofereci presentes (muito) aguardados. Já desembrulhei prendas caras e outras que adquiriram valor nas mãos de quem as ofereceu.

Mas a vida foi-me ensinando, devagarinho e sem pressa, que os melhores presentes não vêm escondidos numa caixa, não precisam de papel de embrulho e não têm valor monetário. A vida foi-me ensinando, entre sorrisos e algumas lágrimas, que os presentes que mais perduram, os que são intemporais e que nunca perdem validade, são os que guardamos dentro de nós, os que não se veem, mas que se sentem, os que não se ostentam, mas que nos sustentam. E nisso sou uma afortunada, guardo em mim os melhores presentes do mundo.

Emergi dos melhores sorrisos, aqueci-me nos melhores abraços e renasci em cada memória que guardo. Porque no final, quando a vida vem ajustar contas connosco, o que conta é ter existido alguém que nos tenha oferecido o seu melhor abraço, e com um sorriso nos lábios, nos tenha dito:

– Vai ficar tudo bem!

19.

Arruma a casa. Abre as janelas e deixa a vida entrar. Guarda espaço para quem te faz bem. E faz-te bem a ti. Sim, a ti. Esquece-mo-nos sempre, não é?

Abandona o que te destrói e procura o que te constrói. Deita fora o que te enche e fica apenas com o que te preenche. Preserva quem te acrescenta e acrescenta-te também.

Começa de novo. E se for preciso (re)começa tudo outra vez. Lembra-te: tudo tem um tempo para acontecer e nada acontece por acaso. Confia (em ti). A vida sabe (sempre) o que faz.

20.

*A dor que hoje magoa
é a mesma que amanhã ensina.*

21.

O *que a vida ensina:*

Que não gosto de estar sozinha, mas que preciso de tempo para mim.

Que tudo tem o seu tempo
  e que até ele precisa de tempo para acontecer.

Que perdoar ensina a avançar.

Que há decisões que só eu posso tomar.

Que não há mal em voltar atrás.

Que os problemas dos outros, não são os meus problemas.

Que posso tentar fazer melhor,
  mas não posso mudar (a essência de) ninguém.

Que saber estar comigo é essencial para saber estar com os outros.

Que nem sempre tenho razão.

Que nunca devo desistir dos meus sonhos.

Que acreditar (em mim) é fundamental.

E que a vida sabe o que faz.

22.

37

Agradecer (também) é importante.

Agradecer o que conquistamos, agradecer quem somos, como nos reinventamos, o que (tantas vezes, a custo) alcançamos. Devíamos agradecer mais e lamentar menos Agradecer pela vida, à vida, o que nos dá, o que nos tira do caminho, para que (mais tarde, é certo!) tenhamos a clarividência de um caminho melhor, mais macio, menos inóspito.

Agradecer.

Agradecer quando a vida se aninha no nosso colo e, a sorrir, diz:

– *Vai ficar tudo bem!*

E fica.

23.

E então compreendi que os dias não são todos iguais.
Que existem dias para rir e outros tantos para chorar.
Que tudo tem um tempo próprio para acontecer. E
que nesses dias, quando tudo parece não ter solução,
devemos parar. E parar não significa desistir. Parar
significa reajustar a rota, redirecionar o caminho e
arejar a alma. E então devemos seguir. Seguir com a
certeza de que não há mal nenhum em falhar, há mal
é viver sem tentar (ser feliz)!

24.

Não tentes apressar aquilo que tem
um tempo próprio para acontecer.

O que é teu, a ti chegará!

25.

Às vezes, é preciso parar.

Fazer uma pausa. Às vezes, é preciso deixar a vida lá fora e olhar para dentro (de nós). É preciso guardar tempo para baixar as armas e limpá-las. Só assim podemos estudar corretamente a batalha, delinear estratégias e definir caminhos. Só assim podemos continuar.

Quem segue sempre forte, nunca saberá como vencer as (próprias) fraquezas.

26.

Aprende a viver o *agora*.

Não te agarres aos «ses», nem aos «mas», nem aos «porquês». O que lá vai, lá vai e o amanhã ainda está para vir. É preciso aprender a desapegar, a deixar para trás o que te impede de caminhar e a largar o que (quem) não te quer acompanhar. Nem tudo depende de nós e há coisas que têm um tempo certo para acontecer.

Vive hoje, abraça hoje, beija hoje e ama hoje. Aprende a viver agora porque o que viveres ninguém te tira e o que deixares por viver ninguém te devolve.

27.

Aprendi, com os ensinamentos da vida, que os problemas dos outros não são os meus problemas. Aprendi também que o meu caminho não tem de ser igual ao dos outros e que o meu tempo tem um tempo próprio para acontecer. Por isso, segue o teu caminho, cuida bem da tua vida e não percas o rumo.

Mantém a bagagem leve.

Guarda espaço para o que te faz bem e liberta-te do que te enche de vazio. A vida dá-te sinais. Tudo vai acontecer no tempo certo.

28.

Nem todos os dias são dias de sim.
Nem sempre vamos ouvir aquilo que queremos,
E nem sempre as coisas vão acontecer como idealizamos.
E então, nesses dias, é importante parar.
É importante ouvir o silêncio,
A solitude,
Marcar encontro connosco.
É importante deixar a vida correr.
Tudo tem um tempo próprio para acontecer,
e se ainda não aconteceu é porque
o universo reservou algo melhor para ti.

29.

Tudo vem no tempo certo.

Não desistas só porque não correu bem desta vez. Quantas vezes julgaste que era o fim e conseguiste levantar-te? Quantas vezes enxugaste as lágrimas à pressa por não teres tempo para chorar?

Tudo o que (já) conquistaste é teu.
Ninguém to tira.

É fruto das tuas conquistas, da tua resiliência, do teu insistir.
Do não desistir.

Lembra-te: o errado não é falhar,
o errado é desistirmos de sonhar.

30.

Gosto da esperança dos dias maiores. Gosto da fé que carregam e da certeza de que coisas boas estão para acontecer.

Gosto de acreditar que o que lá vem é melhor do que o que deixámos para trás. Gosto de pensar que a vida (só) nos põe à prova porque sabe que nos vamos conseguir superar.

Gosto de acreditar que a vida é uma aprendizagem e que, tal como os dias maiores, o melhor está para vir.

31.

Não precisas de dizer tudo da tua vida.

Não precisas de justificar todos os teus passos, nem partilhar todas as decisões. Existem coisas que devemos guardar, momentos que devemos preservar e decisões que devemos tomar sozinhos.

O nosso caminho é o nosso caminho e os nossos sapatos só nós os devemos calçar. Não deixes em mãos alheias a tua felicidade. Não dependas de ninguém para seres feliz e não esperes a aprovação de ninguém para decidires ser feliz. A felicidade começa em ti.

Lembra-te: o que Deus não sabe,
o diabo não cobiça.

32.

Se vieres que venhas por bem.

A vida mostrou-me que o (meu) tempo é demasiado precioso para o desperdiçar com «ses», «mas» ou «porquês». O mesmo se passa com as pessoas. Deixei de ter espaço para falsas expectativas, para moralismos e para «migos». Os meus eu sei quem são. Os que me falharam nunca me fizeram falta. Por isso, tudo o que chegar de novo à minha vida, eu vou receber de braços abertos. A diferença é que antes eu (só) sabia o que queria, agora, tenho a certeza do que não quero, o que não preciso (para mim).

Se vieres que venhas por bem.

33.

Tudo vem no tempo certo. Não vale a pena querer antecipar aquilo que tem um tempo próprio para acontecer.

Não adianta querer ficar onde não há espaço para *florescer*. Não resolve ficar preso(a) a quem não se vai prender a nós. As coisas acontecem naturalmente. A vida encarregar-se-á de fazer chegar à nossa vida quem for para ficar, da mesma forma que desviará do nosso caminho quem não precisamos.

Nem sempre o que desejamos é aquilo de que precisamos, mas quando for para acontecer, o universo saberá o que fazer.

34.

Talvez a liberdade não volte a ser o que era. Talvez o mundo não volte a girar da mesma forma como o conhecemos. Talvez nós não sejamos mais os mesmos. As coisas estão a mudar e resta-nos saber mudar com elas. De que me serve ter um carro se não puder conduzi-lo? De que me vale ter dinheiro se não tiver onde gastá-lo? De que me adianta ter uma rede social cheia de amigos se a minha mesa continuar vazia?

Só somos gigantes até ao momento em que algo maior nos mostrar a nossa pequenez.

Só somos livres até ficarmos reféns da nossa própria liberdade. Só somos tudo até percebermos que quando morrermos não levamos nada. Talvez ainda precisemos perceber o que é a liberdade. Talvez estejamos a fazer o mundo parar. Ou talvez isto seja o mundo a dizer-nos que esta é a última oportunidade de colocarmos as coisas no lugar.

35.

Um dia, quando tudo passar, talvez perceba que a liberdade não
é poder sair de casa, mas é saber usufruir dela. É ser livre, mas
saber que minha liberdade não pode colidir com a tua. É saber que
os meus atos, que as minhas decisões, que as minhas escolhas, de
alguma forma, em algum lugar, vão sempre influenciar alguém.
Vão ter impacto no dia-a-dia, nas pessoas, nos lugares, na vida
como a conhecemos.

Nunca antes a lei do retorno fez tanto sentido. Somos o que
plantamos, o que escolhemos, e o que decidimos. Durante anos,
optámos por viver virados para nós – e atenção que, neste caso,
para nós, não é para dentro. Desde que eu tenha papel higiénico,
não preciso de saber se o meu vizinho vai ter. Desde que eu encha
o depósito de gasolina, quero lá saber se mais alguém vai poder
encher. Desde que eu isto, desde que eu aquilo... A vida deu-nos
apenas aquilo que pedimos. Uma vida egoísta, solitária e medíocre.
Talvez precisemos de fazer uma pausa. Talvez precisemos de
perceber que ser livre não é fazer tudo aquilo que queremos. Ser
livre é encontrar a nossa melhor versão. É saber que nascemos
sozinhos e que morremos sós, mas que, neste intervalo, que neste
hiato de tempo que é a vida, seremos sempre responsáveis por
aquilo dizemos, que fazemos e que escolhemos.

Um dia, quando percebermos isto, talvez voltemos a ser livres...

36.

Vai ficar tudo bem! E sei-o porque sempre que estou prestes a desistir, a baixar a guarda, a entregar-me à derrota, existe sempre algo que me contraria, que me ergue, que me oxigena de ar e que me empurra para a frente.

É no meio da incerteza que sobressai a esperança, é por entre o medo que nasce a audácia e é luz que encobre a sombra.

Não nos compete antecipar o que tem um tempo próprio para acontecer. Mas compete-nos acreditar. Compete-nos não desistir e compete-nos dar o nosso melhor. Compete-nos sermos maiores do que os nossos medos.

Em tempos de incerteza, ou nós engolimos os nossos medos ou, em menos de nada, são os nossos medos que nos engolem. E nós somos maiores do que eles. Por isso, compete-nos acreditar. Porque acreditar é o princípio de fazer acontecer.

37.

Há dias para rir e dias para chorar. Há dias para tomar decisões e dias em que devemos deixar a vida ditar a sorte. Há dias em que temos de ser fortes e outros em que podemos (e devemos) fraquejar. Há dias assim. Há dias de certeza e dias de reflexão. Há dias em que dá medo, que somos inseguros e que não sabemos se vamos conseguir.

Mas o amanhã há de chegar. O sol (ou a chuva) vai aparecer e vai-nos ensinar que tudo tem um tempo próprio para acontecer. E tudo é importante. Tudo tem um tempo para florescer, para brotar e para singrar.

É certo que nem todos os dias vão ser dias de sorrir, mas, tal como a chuva, esses dias vão acabar por passar.

38.

No final, usei dois por cento da roupa que tenho no guarda-fatos. Resumi-me a dois ou três pares de ténis e desconfio de que não abri o guarda-joias, em quase dois meses. No final, encontrei um gancho para prender o cabelo, que já me cobre os olhos, e o frasco do perfume ainda não chegou ao fim. No final, concluí que não preciso de dois terços das coisas que tenho. Tenho-as por puro capricho, por vaidade, por consumismo.

A vida ensinou-me que não é disso que a gente sente falta. A gente sente falta é de um abraço, de um sorriso de um "gosto de ti"! No final, a vida ensina que a maior riqueza não é o que possuímos (e, tantas vezes, não usamos), é o que conquistamos sem possuir.

39.

Um dia triste não é um dia necessariamente mau.

Às vezes, é preciso chorar, deixar ir, limpar a alma tal e qual a água da chuva faz.

Às vezes, é necessário parar de lutar contra nós, deixar a vida acontecer e ouvir o nosso coração.

Às vezes, é preciso viver. E não nos culparmos por isso.

40.

Nem todos os dias são bons, mas todos têm alguma coisa a ensinar.

Por vezes, é necessário deixar a vida fluir, não a contrariar.

Não querer antecipar aquilo que tem um tempo próprio para acontecer. *Saber viver* também é isso, aceitar o que a vida nos dá, no seu tempo.

41.

Tem dias em que o melhor a fazer
é não fazer nada.

42.

Às vezes, a Lou(cura).

43.

Quando enfrentamos dias maus, tendemos a esquecer o que de bom acontece. Mas se formos justos, sabemos que as coisas boas vêm para ficar e as más para ensinar. Tudo é importante. Quando os dias maus acontecerem, pensa que é a vida a desviar o caminho para coisas melhores aparecerem.

Acredita.

A vida sabe o que faz.

44.

*A vida irá sempre afastar
do teu caminho aquilo que
te impede de caminhar.*

45.

Chega a uma altura da nossa vida em que só queremos acordar de manhã, respirar fundo, encher o peito de fé e agradecer por mais um dia. Tudo o que vem a seguir é gratidão.

46.

Muitas vezes, ficamos à espera de *não sei quê*, para viver *não sei como* e esquecemo-nos de que a vida é agora e não *não sei quando*.

Para conseguir a amizade
de uma pessoa digna
é preciso desenvolvermos
em nós mesmos as qualidades
que naquela admiramos.

Sócrates

os amigos

1.

Não há nada que chegue a um amigo. Daqueles com quem falamos em silêncio. Sem serem precisas palavras. Não há nada que chegue a um amigo. Daqueles que chegamos, sem anunciar, despimos a capa e nos sentamos, descontraidamente, para deixar a alma se mostrar.

Não há nada que chegue a um amigo. Daqueles com quem não precisamos de ser fortes. Daqueles a quem mostramos os nossos medos e eles, automaticamente, vestem as armaduras por nós e nos garantem – sem medos – que nada nos irá atingir. Que nada nos fará mal. Porque eles jamais irão permitir. E ali ficamos, debaixo daquelas promessas – protegidos das intempéries da vida.

Não há nada que chegue a um amigo. Daqueles que sabem a diferença entre ser apenas mais um jantar ou a necessidade de estar presente. Seja a que horas for. Seja a que distância for. Seja por que motivo for.

Não há nada que chegue a um amigo. Daqueles que nos (re) conhecem os silêncios. Daqueles que não podem ir beber um café connosco, naquele dia, mas que nos respondem a uma chamada às três da manhã. Daqueles a quem confessas o inconfessável. Onde és frágil, onde vais buscar as forças, onde vais respirar. Quando confessas a um amigo que achas que estás apaixonado, já ele tem a certeza. Há muito. Um amigo (re)conhece-te. Antes de tu teres a certeza. E diz-te para ires em frente – sem medos, porque ele estará sempre nos bastidores para nunca deixar cair o pano.

Não há nada que chegue a um amigo. Daqueles. Daqueles que fazem das tuas dores, forças e das tuas alegrias uma celebração. Não há nada que chegue a um amigo. A quem damos a alma para cuidar e eles devolvem em vida para (nos) celebrar.

Não há nada que chegue a um amigo. Aos nossos, claro!

2.

Aos teus. Aos que dizem bom-dia e que aguardam por uma mensagem tua quando chegas a casa. Aos que não te deixam tombar. Aos que acreditam em ti mesmo quando tu deixas de acreditar. Aos que te garantem que vai ficar tudo bem – e vai – e que te assumem tal e qual como tu és. Aos que te criticam, não por te julgar, mas porque não aceitam ver-te sofrer. Aos que se riem contigo. Mas, essencialmente, aos que te deixam chorar para depois te secarem as lágrimas e contigo continuar. Aos que acreditam. Em ti, nos teus sonhos, e que relevam os teus defeitos. Aos que te puxam para a frente. Aos que te levam ao colo, que sentem o teu abraço e que não te deixam desistir.

Aos teus. Sem eles a vida leva-se, mas, com eles, a vida *saboreia-se!*

3.

Há pessoas que são e há pessoas que dizem ser. Há pessoas que dizem e há pessoas que fazem. Há pessoas que mostram e há pessoas que se mostram. Há pessoas que estão e outras que nunca ficarão. Há pessoas que brilham e outras que ofuscam.

A diferença? Estará sempre entre o *ser* e o *parecer*.

4.

Todas as pessoas que passam pela nossa vida, passam
com um propósito. Nem todas vão ficar. As que ficam,
acrescentam-nos, acompanham-nos e têm o dom de nos
amaciar os dias. Mas as que vão, as que nos falham, as
que nos deixam sem chão, as que nos rasgam a carne por
dentro, acabam por nos ensinar mais sobre nós do que
sobre elas próprias.

5.

Sim, há pessoas que nos dececionam, que nos desiludem
e que nos falham. Há pessoas que nos magoam e que
nos abrem feridas difíceis de passar. Mas depois há as
outras. As que nos puxam para cima. As que nos fazem
bem, as que nos insuflam o peito de ar e que o enchem
de esperança. Depois há as outras. As que realmente
importam. As que estão sempre lá e que nos fazem
acreditar que sim, que tudo vai ficar bem. Desconfio que
devíamos «perder» mais tempo com essas pessoas. Com
as nossas pessoas. Sei lá; jogar conversa fora, rir de coisas
sem importância, fazer promessas parvas, beber (só) mais
um copo, e depois o último, falar sem parar, ficar depois
da hora. Desconfio que, à conta de termos o coração cheio
de mágoas, angustias e desilusões (por quem não merece
a pena), depois falta-nos espaço para sermos gratos, para
agradecer. Devíamos perceber melhor como isto se faz.
É que, por mais que haja pessoas que te magoem – e vão
continuar a existir – haverá sempre outras tantas que nunca
te deixarão desistir (de ti).

E a essas, muito obrigada!

*(É à conta da grandeza do vosso ser
que tudo o resto se torna pequenino!)*

6.

No final, o que importa é quem ligou para saber como estavas. É quem desejou que te mantivesses seguro(a), é quem esperou, pacientemente, para te voltar a ver.

No final, o que importa
é quem se importa!

7.

Não sei quantos dias faltam, não sei durante quanto mais tempo tenho de acumular abraços. Já não sei onde guardar os beijos que tenho para dar, os sorrisos que tenho para partilhar e as gargalhadas estridentes que tenho para trocar. Tenho brindes para fazer, confidências para desabafar, tenho uma vida inteira para recuperar. Mas estes dias ensinaram-me a priorizar o que realmente importa: abraçar quem me abraça, sorrir a quem me quer bem e cuidar de quem me cuida. A vida é demasiado imprevisível para não o fazermos.

Não sei quantos dias faltam para vos abraçar, mas todos os abraços que guardo são abraços que já sei a quem quero dar.

8.

E depois há os que gostam de ti.

Os que chegam sem avisar e que não têm pressa para ir embora.

Os que ficam (só) mais um bocadinho e os que te dizem que vai ficar tudo bem.

Os que arranjam sempre tempo.

Os que te pedem para mandares uma mensagem quando chegares a casa e os que dizem que têm saudades tuas.

Esses sim, são os que gostam de ti!

Os outros? Os outros provavelmente nem deles gostam.

9.

E quando estás prestes a desistir, quando estás prestes a dei-
tar a toalha ao chão, há sempre alguma coisa que acontece e que
te faz continuar. Há sempre um sinal, uma música, uma chamada
telefónica, há sempre um amigo que te faz perceber porque nunca
desististe antes, porque nunca tombaste, porque nunca te deixaste
derrotar.

Há sempre um amigo que te diz que vai ficar tudo bem.

E faz tanta falta acreditar nisso.

10.

Não existem pessoas certas. Existem pessoas dispostas a aceitar as tuas diferenças, a gostar das tuas imperfeições e a tolerar os teus dias difíceis. Existem pessoas que não precisam de te moldar à sua semelhança, que não precisam de te diminuir, nem de te esvaziar de ti. Existem pessoas que só precisam que sejas tal e qual como és. E essas são as pessoas que ficam. Porque só fica quem é *inteiro*.

Não te troco por ninguém. Nem a ti, nem a ti e nem a ti.

Cada pessoa que está na minha vida tem um papel especial. Nenhum deles é mais importante do que o outro. Cada um, com a sua especificidade, fez de mim o que eu sou hoje. E sou grata por isso.

Os que lá vão, lá vão. E se não ficaram é porque não faziam parte da minha jornada. A vida é feita de quem fica, de quem pisa o mesmo chão e de quem apanha os mesmos cacos.

Cada pessoa que fica na nossa vida dá-nos a certeza porque é que todas as outras não mereciam ficar.

11.

—  —

Uma mulher bonita não é aquela
de quem se elogiam as pernas
ou os braços, mas aquela cuja
inteira aparência é de tal beleza
que não deixa possibilidades para
admirar as partes isoladas.

Séneca

a mulher

1.

Moça, o que é teu virá. Não vale a pena apressar o tempo, atropelar vontades ou morar em saudades. Não esperes que os outros fiquem. O amor não se faz esperar.

Quando for o teu tempo, ama. Ama muito. Ama tudo o que tens para amar. Quando for o teu tempo, dá esse amor que, agora, te obrigas a guardar.

Moça,

O que é teu, a ti chegará...

2.

Ei, moça!

O que deixares por viver vem alguém e vive no teu lugar.

Por isso, vai. Vive o que é teu.

Porque pior do que viver com medo, é ter medo de viver!

3.

Ela tem esta mania em acreditar.
Há quem lhe chame teimosia,
Mas o que a pele dela transpira,
O ar que ela respira
Pede-lhe, baixinho, para continuar.
E é dessa forma que ela segue.
Reerguendo-se a cada queda,
A cada lágrima
A cada desilusão.
No dia seguinte, volta a acreditar.
É feita deste sentir.
Um dia, deixará de chorar
Porque a vida a fará sorrir.
E é dessa forma que ela segue.
Pela vida,
Pelo amor,
Pelo desejo.
Acredita nas borboletas na barriga,
Insiste em fechar os olhos quando recebe um beijo!
Se a vires sozinha,
Não fiques preocupado.
Ela segue forte e segura.
Mas se a queres desassossegar,
Segue com ela, estende-lhe a mão!
Não a pares no caminho
Fá-la perceber por que(m) bate um coração!

4.

Moça,

Nem sempre vai dar certo. Nem sempre o que queremos que aconteça vai aparecer nos momentos que mais desejamos. Quantas vezes julgamos que desta é que é de vez? Quantas vezes pensamos que chegou o momento? Que temos a certeza de que não há qualquer possibilidade de falhar? Parece tudo tão perfeito. Parece tudo tão talhado à nossa medida que somos invadidos por uma urgência em gritar ao mundo que finalmente temos a vida a correr-nos dentro das veias. Mas depois, depois, lá vem o maldito «mas». As certezas viram dúvidas e as veias voltam-se a esvaziar de vida. E aquilo que gritámos ao mundo? O que fazemos com isso? E o que demos como certo, o que tínhamos como nosso?

Vai doer.

Nem sempre vai dar certo. Nem sempre os sorrisos vêm para ficar. Mas uma coisa é certa. A vida sabe sempre o que faz. E só põe à prova quem é capaz. Quantas vezes disseste que não conseguias e voltaste a erguer-te? Quantas vezes te apeteceu desistir, mas no momento certo, apareceu sempre uma frase, uma palavra, uma canção que fez de ti (mais uma vez) vencedora?

Claro que nem sempre vai dar certo. Claro que vai doer. Mas vai passar. Vai sarar e vais voltar mais forte. E quando der certo, moça, ai, quando der certo, vais perceber na exata medida porque é que antes teve de dar tantas vezes errado!

5.

Menina,

O que é teu ninguém te tira. O que faz parte de ti; o que vem de dentro, ninguém tem o direito de roubar, de suprimir, de apagar. Por isso, sorri. Sorri sempre. Sorri pelo que és, pelo que conquistas todos os dias e pelo que a vida te ensina. E se, um dia, tiveres vontade de chorar? Não faz mal. Faz parte. Chora. Deixa as lágrimas caírem. Sabes? Elas limpam a alma. Levam o que não interessa e guardam o que é para ficar. Redirecionam o caminho. Renovam o querer. Por isso, se tiveres vontade de chorar, chora. Mas depois levanta-te. Ergue-te, enxuga o rosto e mostra o que de mais belo, tantas vezes, escondes. *TU.*

Porque o que é teu, ninguém te tira.

E, por vezes, só precisamos de cuidar um pouco melhor de nós para percebermos que, muitas vezes, insistimos em procurar nos outros aquilo que (já) existe em nós.

6.

Miúda,
Vai ficar tudo bem!
O sol vai voltar a brilhar
E a respiração vai deixar de (te) sufocar.
Acredita (em ti)!
O que é teu para ti fica guardado.
E se não foi desta vez,
Se não ficou ao teu lado,
É porque tinha de ser passado.
O que lá vai, lá vai!
E o importante é o agora,
Do que és feita por dentro e por fora!
Acredita (em ti)!
O melhor ainda vem,
Uma das coisas mais belas da vida,
É que, um dia, ela sussurra-nos:
Vai ficar tudo bem!

7.

Sabes aquela mulher que, às vezes, tanto criticam?

Sabes aquela mulher que, às vezes, não dão o devido valor? Sabes aquela mulher que, às vezes, tentam apagar? Não duvides dela! Não deixes que te façam duvidar das tuas capacidades, do que já conseguiste alcançar e do que construíste ao longo da vida. Não minimizes as lágrimas que já derramaste. Não esqueças as noites mal dormidas, nem as horas perdidas. Não menosprezes os teus medos, nem temas as tuas inseguranças. Foram eles que deram a força para continuares, mesmo quando achavas que não a tinhas. Foi por causa deles que lutaste por dias melhores e foi à conta deles que te superaste. Não deixes que te façam duvidar disso. Nunca duvides do que és feita.

Sabes aquela mulher que, por vezes, não reconheces?

Não tenhas medo, tem orgulho!

Muitas vezes, as pessoas só criticam aquilo que invejam!

Não precisas de seres perfeita,
só precisas de seres feliz.

8.

9.

Vai moça,

Não esperes que os outros decidam por ti.
Não aguardes por segunda-feira, nem pelo próximo mês.
Vai hoje. Faz acontecer.

Se vai dar medo? Provavelmente vai. Se vai dar certo? Não sei.

Mas há decisões que só tu podes tomar
e caminhos que só tu podes tomar.

A vida está a contar. Vai buscar o que é teu.

10.

Tu és bonita, sim.
E quem te disser o contrário, mente.

És, talvez, a mulher mais bonita do mundo.
É assim que, alguém que esteja ao teu lado te deve ver.

Não importam as rugas, o tamanho, a cor do cabelo, o timbre da voz.
Tu és bonita pelo que és, pelo que dás e pelo que constróis, todos
os dias.

Tu és bonita, sim.

E quem te disser o contrário, nunca será merecedor da tua beleza!

11.

O riso afasta o agoiro, a má sorte, a cobiça, a soberba. O riso engole a lágrima, sacode a melancolia, empurra a tristeza para lá. O riso, por vezes, mente, ludibria, engana. O riso às vezes esconde, manipula, abana.

Ah! Mas o riso que vem de dentro; aquele que casa com a felicidade, o que nos limpa a alma, o que nos enche de vida, esse riso, menina, ninguém o derruba. Não há nada (*nem ninguém*) que o pare, que o impeça, que o desminta. Não há nada (*nem ninguém*) que o roube de ti, menina. Porque esse riso, essa gargalhada, esse som que te defende, que te envolve e que te abraça, esse riso que te ergue a cabeça e que te enche de graça, é maior do que tu.

E sempre que ris, engrandeces o ser! Por isso, ri. Ri muito. Mesmo que rias para não chorar. Porque o riso que vem de dentro, esse riso lindo, menina, é o que te faz continuar.

12.

Não te boicotes.

Não digas que não consegues quando ainda nem tentaste. Não assumas a derrota quando a vitória depende de ti. Não deites a toalha ao chão antes do tempo. Mesmo quando tudo parece perdido, mesmo quando tudo parece ter chegado ao fim, não desistas. Pára se for preciso. Reajusta-te, se for necessário. Mas depois segue em frente.

As coisas nem sempre vão correr como programaste, mas tudo vai acontecer no tempo certo.

E lembra-te: só não acontece o que não se tenta!

13.

Ei, Moça,
Vai dar certo, sim!
Porque se não fosse para dar certo,
o universo já tinha desviado o caminho.
Confia!
Coisas boas estão para acontecer.

14.

Ei, Moça,

O tempo ensinou-me que sim, que haverá novos (re)começos, novas conquistas, novas pessoas, novos amores, novos sorrisos, novas esperanças e novas hipóteses para ser feliz. Só não haverá uma nova vida. Por isso, aproveita (bem) a que tens. As coisas (boas) têm um tempo próprio para acontecer.

Confia!

15.

Ei, Moça,

Brilha! Brilha sem medo. Não interessa se vai dar certo, se vai durar ou se é a melhor escolha. Quem tem brilho próprio nunca ficará na escuridão. Vais sempre encontrar novos caminhos, novos sorrisos e novos desafios. Por isso, brilha. Brilha sem medo. O universo tem um espaço próprio para quem vem para brilhar.

16.

Para os mais *distraídos:*

Sempre que uma mulher discordar de ti, agradece. Sempre que ela tiver a última palavra, um reparo a fazer, não te preocupes, está tudo bem. Até mesmo quando ela falar mais alto, releva. Isso não significa que ela tenha sempre razão – porque não tem. Mas significa que ela (ainda) se preocupa, que está a dar o seu melhor, que quer o teu melhor e que luta por ti (e por vós). Preocupa-te sim quando ela ficar em silêncio. Quando não quiser saber dos teus «erros» e não se interessar em corrigi-los. Isso não significa que a conquistaste, isso significa que (já) a perdeste.

17.

Ei, Moça,

Percebeste agora?

O amor verdadeiro não conhece distâncias. Não quebra, não fica em silêncio, não esmorece e encontra sempre maneira de se revelar.

Quando alguém te quer na sua vida, vai à luta, procura(te), arranja tempo e não desculpas.

Talvez este seja o tempo para perceber quem queres que fique ao teu lado, quem é merecedor do teu amor, e com quem queres partilhar o quão especial és. Vivemos tempos de distância e as pessoas nunca estiveram tão próximas. Porque é assim o amor verdadeiro. Não se implora, doa-se!

Percebeste agora?

18.

Ei, Moça,

A vida dá sinais.

Nem sempre te vai dar aquilo que desejas, mas mostrar-te-á sempre aquilo de que precisas.

Confia.

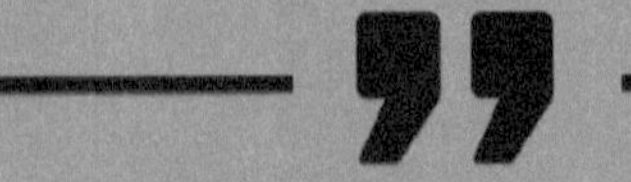

Amar a si mesmo
é o começo de um romance
para toda a vida.

Oscar Wilde

o amor

1.

Nunca vais agradar a toda a gente.

Nem todos estão preparados para perceber as tuas razões. As motivações. Há sempre outras opiniões. Nem todos estarão preparados para te aceitar. Assim. Tal e qual como és. Com as particularidades que te definem.

Para uns serás bestial, para outros «um bocado arrogante e tal». Nem todos te irão desculpar. Sim. Também erras. Muito. Vezes demais, até. Mas, se parares e pensares, não é isso que te mantém em pé? Há pouco tempo aprendi que os julgamentos que fazemos dos outros são apenas espelhos daquilo que temos dentro de nós. Reconhecemos-lhes defeitos? Pois bem, então é disso que somos feitos. Os olhos veem o que a nossa alma reflete.

Há de haver sempre alguém que te julga. A vida é mesmo assim. Até a natureza que é perfeita, tem um princípio e tem um fim. Às vezes, temos de parar. Reajustar. Redefinir a rota e se for preciso, assumir a derrota. Depois é preciso seguir. Não sucumbir. Ter a bravura de não desistir. Não dos outros. De nós. Porque não vais agradar a toda a gente. Mas o caminho faz-se em frente. E os defeitos vão sempre existir. Outras opiniões também.

Para gravar: a *única* pessoa que te conhece és tu! E essa quer o teu bem.

2.

Não tens de aceitar tudo.

Não. Nem tudo te serve. Às vezes, precisas de dizer não aos outros para continuares a dizer sim a ti. Às vezes, estares certo do que não queres, é tão ou mais importante, do que a certeza do que vais querer.

Não. Nem tudo tem de te servir. Nem todos temos as mesmas medidas. As minhas medidas; as minhas dimensões; as minhas intensidades; as minhas sensibilidades serão sempre as minhas metas, os meus limites. Quantas vezes mostras para fora o que negas sentir por dentro? As minhas medidas serão sempre as minhas medidas. De sentir, de amar, de querer. De ser *Feliz*. E não é possível ser, verdadeiramente, feliz se estivermos apenas a tentar preencher as medidas dos outros. Para os outros. Fazer os outros felizes começa em ti. Vem de dentro para fora. Por isso, não tens de aceitar tudo. Porque nem tudo te serve.

Somos felizes por dentro. E, quando assim é, isso vê-se para fora.

3.

*Aprendemos a amar corpos errados
acreditando que, um dia,
por engano, vamos errar
no corpo certo.*

4.

Por fim, perguntei-lhe:
— Posso confiar em ti?
Sabiamente, respondeu-me:
— Não. Podes confiar em ti!
(E a partir desse momento soube que ele era de confiança.)

5.

O problema de estarmos muito tempo sozinhos é que acabamos por nos esquecer como é voltar a estar com alguém. O problema de estarmos muito tempo sem nos apaixonarmos é que corremos o risco de já não sabermos como é que isso se faz. Ou como se sente. Ou se o que se sente é suficiente. Acreditamos – ou fizeram-nos acreditar – que o ser humano assenta, essencialmente, a sua existência na procura de um par. Na procura de alguém que, à nossa semelhança, também nos procura. Acreditamos – ou queremos muito acreditar – que só atingimos a plenitude da felicidade quando encontramos a nossa outra metade. Mesmo que já sejamos inteiros. Acreditamos que só assim ficamos completos.

O problema é que isto não acontece quando queremos; quando desejamos; quando (des)esperamos. O problema é que neste intervalo; neste hiato de tempo entre um coração cheio de vida e um vazio cheio de nada, temos de viver. E, tantas vezes, sobreviver.

E o problema é que conseguimos.

Somos exímios em reinventarmo-nos. Em ajustarmo-nos. Voltamos a respirar sozinhos, voltamos a sorrir sem ser para alguém e voltamos a pormo-nos em primeiro lugar. E conseguimos. Acabamos sempre por conseguir.

O problema é que mesmo que passemos a maior parte dos nossos dias a desejar – muitas vezes em surdina – que nos apareça alguém que ocupe o lugar vazio na mesa ou que nos aqueça o outro lado da cama – que teima em manter-se tão fria – o problema é que começamos a gostar, verdadeiramente, da única companhia que nunca nos abandona. A nossa.

O amor teima em chegar devagarinho. Vem, normalmente, acompanhado de um sussurro, de um sorriso fora de horas ou de um olhar não previsto.

E antes de ser amor? É o quê?
É desejo?
É paixão?
É (só) entusiasmo?
É pura tesão?

Há quem lhe resista, há quem entre em negação, há quem se entregue e também há quem não. Antes de ser amor, pode ser tudo. Pode ser o que quisermos. Pode assumir tantas formas. Tantos sabores. Pode ser leve. Pode virar dor. O problema de estarmos muito tempo sem amar é que tivemos de passar tempo demais a aprender a não gostar. A não querer. A não desejar. A não ter.

O problema é que voltar a amar dá medo. Medo de falhar, de entregar. Medo de voltar a chorar. Medo de gostar. O problema é termos de deixar de amar. O problema é se isto não é amor. Porque no dia em que for amor, deixa de ser um problema...

6.

Quantas vezes já renasceste? Quantas vezes já começaste de novo? Sim. Do nada.

Do zero. Quantas vezes já te reconstruíste? Quantas vezes os alicerces que pensavas que eram inabaláveis se desmoronaram com a facilidade de uma folha de papel? Quantas vezes o tudo se transformou em nada e quantas vezes o nada te tirou o que pensavas ser tudo? Quantas vezes continuaste a sorrir por fora e a sangrar por dentro? E quantas vezes esperaste, desesperaste e mesmo assim aguentaste?

Tenho a certeza que me vais responder «muitas». Ou talvez me respondas «vezes demais». São sempre vezes demais, não é? Não deveria ser permitido termo-nos de reinventar tantas vezes na vida. Na mesma vida. Numa só vida. Mas sabes? Tenho aprendido – às minhas custas – que para acertar, primeiro, tem de se aprender a errar. Sim. Creio que até para errar é preciso aprender. Porque é precisamente aí que vamos buscar as forças que não sabíamos que existiam; é no meio do choro que nos tira o ar que aprendemos a respirar fundo e é quando já não conseguimos correr que aprendemos a caminhar. Devagarinho. Passo após passo. Até voltarmos a ficar firmes. Até voltarmos a sentir o chão debaixo dos pés. Até percebermos que vai haver uma noite em que já não vamos chorar. Até percebermos que somos feitos de resiliência humana. Que somos a própria resiliência humana.

Não. Eu não sou *sempre* forte. Também quebro. Também tenho medo – e, às vezes, tenho tanto – e também me perco nos caminhos que eu própria tracei. Mas reajusto-me. Reajusto-me sempre. Engulo em seco – não acredito que haja alguém que goste de errar – e dou o peito às balas. Sigo em frente. De Frente. Guardo todas as camadas de pele de que fui feita. E talvez por isso (já) não tenha a pele mais bonita do mundo. Nem a mais firme. Porque ela é feita de feridas; de rugas. Mas é feita de vida. Com vida. Cada vez que renasço; cada vez que me ergo destes tombos; cada vez que limpo as feridas – que ardem mais por dentro do que por fora –; cada vez que volto a sentir a brisa a tocar-me no rosto, venho mais eu. Venho mais viva. Porque de todas as tentativas falhadas, de todas as pessoas que afinal foram mãos cheias de nada, de todos os erros que me fizeram renascer, há uma coisa ninguém me tira:

É esta ousadia de experimentar viver.

7.

Um dia, percebes que tens em ti tudo aquilo que (tanto)
procuras nos outros.

É nesse dia que descobres a liberdade (de seres tu).

8.

*Mais importante do que
saber o que quero é ter a certeza
do que não quero.*

9.

O problema é que passamos demasiado tempo sozinhos.
Aprendemos a gostar, ou não, de nós, na alegria, na
tristeza, na saúde e na doença, sem que haja ninguém para
que a morte (nos) separe.

O problema é que passamos demasiado tempo connosco,
a aprender a gostar dos nossos defeitos, das nossas neuras,
dos nossos medos e das nossas indecisões.

O problema é que deixámos de ter medo de nós.

O problema é que sempre que precisámos de decidir, de
reajustar, de reformular, de andar para a frente, eramos
(só) nós que lá estávamos.

O problema é que passamos tempo demais a lidar
connosco, no tempo em que deveríamos estar a lidar
com o outro. Passámos a gostar (mais) de nós em vez de
ficarmos a amargurar com um amor que nunca quis ficar.

O problema é que isto já nem se trata de uma questão de amor. Já não é uma questão de gostar ou não do outro, de ter capacidade ou não de (voltar) a amar.

O problema não é esse. O problema é que já não abdicamos de nós; do que conseguimos, do que conquistámos, do que (já) ninguém nos tira.

O problema é que ficamos com pouco espaço para o espaço que a outra pessoa quer ocupar.

O problema é quando percebemos que encontrar alguém deixou de ser um problema!

10.

Nem sempre uso as melhores palavras.

Nem sempre faço as coisas da melhor maneira.

Nem sempre tomo as melhores decisões e nem sempre tenho as melhores atitudes.

Sou falível. Mas aprendo à minha custa. E, às vezes, – tantas vezes – nem sequer aprendo à primeira. Sim, cometo (muitos) erros! Cometo erros e, às vezes, repito-os.

Mas volto a tentar. Atrevo-me. Desafio-me sempre a ser a minha melhor versão.

Porque pior do que não reconhecermos os erros, é não querer superá-los!

11.

Perdoar não significa esquecer.

Perdoamos porque estamos prontos para avançar, para seguir em frente, para desapegar (do passado).

Todos os erros são importantes. São eles que nos ensinam a reajustar a rota, a redefinir o caminho e a identificar o que (não) queremos.

Perdoamos quando deixamos a mágoa (dos outros) para trás e ficamos gratos por seguir em frente.

12.

Já não tento entrar onde não caibo.

Já não forço o que não (me) serve,

Já não vou atrás do que(m) não quer ficar.

A vida ensinou-me que cada coisa tem um tempo próprio para acontecer e um espaço ideal para emergir. Não vale a pena demorarmo-nos no que não nos serve. O que não nos serve, aperta-nos, incomoda-nos, tolhe-nos o ser.

Devemos deixar fluir. O que estiver guardado para nós, a nós chegará (e ficará).

Sem esforço.

13.

Podes sempre (re)começar.

Hoje, amanhã, depois. Podes sempre voltar atrás. Podes sempre mudar as regras porque quem decide a tua felicidade és tu (e não os outros).

Não há mal nenhum em errar, em estar enganado, em ter falhado. Os erros trazem consigo aprendizagem. E é por isso que eles acontecem. Para nos mostrar que é nessas alturas que sabemos do que somos feitos, que sabemos qual é o nosso caminho e que quando não vencemos é porque (ainda) temos alguma coisa para aprender.

Podes sempre (re)começar.

Hoje, amanhã, depois.

A felicidade não desiste de ti.

14.

Já me importei com o que os outros pensavam.

Já me feri com palavras menos boas e já segui conselhos que não foram os melhores. Já marquei cafés que nunca aconteceram e já esperei por telefonemas que não existiram. Já me desiludi com amigos e já magoei outros tantos. Já fui bestial, da mesma forma que já fui uma besta. Mas a vida ensina. E então percebi que o que os outros pensam (e dizem) é apenas isso.

Nunca ninguém vai saber verdadeiramente o que se passa dentro de cada pessoa. Por isso, aprendi a preservar quem me preserva, a cuidar quem cuida de mim e a procurar quem me procura. A vida mostra quem sim, quem não e quem nunca.

15.

Não fiques à espera que alguém te diga o quão *bonita* és!

Não fiques com ninguém só porque achas que essa pessoa te dá (algum) valor. Essa é uma tarefa tua, não dos outros. És tu quem tem de se valorizar, de ir à luta, de fazer o teu caminho. Claro que és bonita! És tão bonita que não há ninguém igual a ti. És única! E sim, tens todo o valor do mundo. És especial, tal e qual como és. Não são as palavras (dos outros) que te fazem mais bonita, é a coragem de que és feita.

Já te disseste, hoje, o quão bonita és?

16.

O que dói é o tanto faz.

O que magoa é o mais ou menos, é o "escolhe tu".

O que corrói, o que rasga a carne por dentro,
é continuar a viver perto de pessoas
que escolhem ser distantes.

17.

Não te surpreendas se, um dia, me encontrares diferente. Não estranhes se te parecer mais desligada, se estiver mais distante e se for até mais insensível. Isso não significa que esteja chateada. Significa apenas que deixei de me importar com as tuas ausências, com os teus silêncios e com a indiferença.

A vida ensinou-me que a distância nem sempre é feita em quilómetros. A pior distância é aquela que é feita de ausências.

Não te surpreendas se, um dia, me encontrares diferente. Não estou a ser diferente, estou apenas a ser recíproca.

Às vezes, é necessário parar. Deixar a vida lá fora e marcar encontro connosco. Sei lá, combinar um chá, um café, qualquer coisa que aqueça o coração. Às vezes, sabe bem jogar conversa fora, ficar mais um bocadinho, ouvir mais uma música. Às vezes, é necessário estar connosco. Sem pressa. Respirar fundo, fechar os olhos e dizer, baixinho:

– Havemos de fazer isto mais vezes!

18.

No final, serás sempre tu. E se tiveres passado o teu tempo a dar demasiada atenção aos outros, a amar demais os outros, o que sobrou de ti? O que sobrou para ti? Percebes agora porque é tão importante seres o teu primeiro amor? Porque no final, quando fores só tu, *se te amares, nunca estarás sozinha.*

20.

– *Não sentes saudades do que vivemos?*

– *Não, sinto saudades do que deixei de (me) viver.*

21.

Um dia, percebes que não tens de andar atrás de ninguém, que não tens de implorar a presença de ninguém e que o amor não se mendiga. Um dia, percebes que tudo tem um tempo próprio para acontecer e um espaço ideal para florescer. Um dia, aprendes a ser recíproca. No amor, na saudade e até na *indiferença*.

22.

A vida ensinou-me, à custa de muitas noites sem dormir, que perdoar os outros não tem de estar no topo da lista.

Não é perdoar os outros que nos traz paz. O que nos traz paz, o que nos acalma a alma, o que nos devolve a serenidade é perdoar-mo-nos a nós. Pelas vezes que erramos, pelo que não conseguimos alcançar, pelas (falsas) expectativas que criámos – sobre situações, lugares ou pessoas.

Perdoamos quando as pessoas deixam de ser uma mágoa para passar a ser uma aprendizagem.

E está tudo bem.

23.

Há pessoas que só vão reparar em ti no momento em que tu venceres. Vão invejar a tua sorte, cobiçar o teu status e querer a tua posição. Não entendem o que passaste, as provações que tiveste e os obstáculos que superaste. Desconhecem as noites sem dormir, as vezes falhadas e as outras tentadas.

Há pessoas que nunca vão entender o teu sucesso porque desconhecem como alcançá-lo.

24.

Não desistimos de pessoas.
Desistimos da indiferença, da espera, dos silêncios.
E isso não é desistir dos outros, é insistir (*mais*) em nós.

25.

Vivi uma vida inteira a achar que o amor era feito de dádiva. Dei-lhe a minha total disponibilidade. Dediquei-lhe todo o meu tempo e ofereci-lhe a minha concordância. Em tudo. Passei anos a fazer isso. E o amor nunca ficava. Nunca me agradecia o tanto que eu fazia. E então, devagarinho, com passos de passarinho, um dia, o amor sussurrou-me, baixinho:

– Sabes porque é que o amor chega ao fim? Porque o amor que pensas dar aos outros estás somente a tirá-lo a ti.

26.

Atravessamos tempos de mudança. Por isso, talvez, tantos de nós, por estes tempos, tenhamos resolvido arejar a casa, tirar-lhe o pó. Talvez seja por isso que tenhamos optado por fazer as limpezas que adiámos durante anos. Desapegámo-nos de coisas velhas e deixámos à vista o que é importante. Assim devemos fazer com a vida. Deixar para trás o que não nos faz bem. Guardar espaço para o que nos acrescenta e mandar embora o que nos acorrenta. É preciso acreditar mais em nós. Acreditar que vamos conseguir porque não somos feitos de desistir. É preciso acreditar na vida e aceitar o que ela nos dá. Porque a vida *sabe sempre* o que faz.

27.

Aprendi que a solitude não é o mesmo que estar só. Estar só, faz-nos sofrer, tolhe-nos a vontade, diminui-nos o ser. A solitude, ah, a solitude! A solitude é aquele momento único em que pegas em ti e te conheces. Em que não marcas nada com ninguém, não ligas a ninguém e não permites que ninguém interfira entre *ti e ti*. Tens conversas como as que não consegues ter numa mesa de café. Sem ruído. Elevas o espírito e acalmas o coração. Levas-te para a frente, reajustas o caminho e decides como vai ser. Só tu. Aprendi que a solitude é muito diferente de estar só. Uma faz-nos sofrer e a outra faz-nos crescer.

Talvez o tempo te ponha
na sua escola pois
não terás melhor professor
que ele.

Abu-Shakur Balkhi

o tempo
(ensina)

1.

És uma perdição! Daquelas que alimentam o ego. Que funcionam sem grandes preocupações. Tu queres. Eu quero. Somos adultos. Vamos fazer acontecer. Em tempos de relações instantâneas, quase que nos é vedado sentir! É tudo demasiado mecanizado e parece que trazem acoplados um manual de instruções: «Usar em caso de Emergência.» Relações vazias de conteúdo, ocas de sentimentos e parcas em palavras. Dá menos trabalho assim. Sorris. Seduzes. Despes-te. Sacias-te. Vestes-te. Foi bom? Até à próxima.

As pessoas perderam a inocência. Deixaram voar as borboletas que habitavam o seu estômago. As pernas deixaram de tremer quando aquela pessoa se aproxima. Já não fechamos os olhos quando nos dão um beijo. Claro que te quero! És uma perdição. Das boas. Daquelas que estão à distância de uma mensagem escrita ou de um convite pelo *WhatsApp*. Queres? Quero. E por umas horas seremos quem quisermos. Despimo-nos de preconceitos. Não tenho de ser perfeita e tu não precisas de ser muito inteligente. Umas horas de prazer intenso prolongado por um vazio de alma. Claro que é bom. Alimenta o ego. Satisfaz os nossos mais profundos instintos primários. A carne. O problema, aqui, é precisamente o que nos distingue dos demais animais que habitam o planeta. Dizem os entendidos que nós, os humanos, somos racionais. E a mim parece-me que é essa racionalidade que me atraiçoa.

Claro que te quero. És uma perdição. Quero-te… Mas não na minha cama. Quero-te num sítio qualquer. Por aí. Mas não na minha cama. Na minha cama, quero uma história. Não um episódio. Na minha cama, deita-se quem eu reconheço o cheiro, o toque, quem me devolve as borboletas do meu estômago, quem me rouba um beijo que me fará fechar os olhos. Na minha cama, quero recordar dias, não horas. Na minha cama, quero viver amores, chorar desamores. Na minha cama, quero perder a inocência por saber que não vieste com manual de instruções e por isso mesmo saberei que ambos erraremos e que aprenderemos com isso. Na minha cama, estará alguém que acredito que vai durar para sempre, mesmo que dure apenas até ao próximo mês. Na minha cama, ficará alguém que não queira ir embora na manhã seguinte. A minha cama é muito mais do que um estrado e um colchão. É a porta de entrada para uma vida, para aquilo a que chamam cumplicidade, intimidade e partilha. Até lá? Claro que te quero. És uma perdição. Quero-te por aí, num sítio qualquer. Qualquer sítio é perfeito para umas horas descomprometidas de alguém que se quer mutuamente. Ali. Sem muitas complicações. Mas, depois, volto sozinha para a minha cama. Onde retorno ao mundo dos sonhos e onde guardo o teu lugar… vazio. Estará à espera de ser ocupado e posso garantir-te que ninguém estará lá quando chegares.

Porque, até lá, claro que te quero… mas não na minha cama!

2.

Conhecemo-nos há 20 anos. Com 20 anos. Conhecemo-nos no vigor da juventude, onde tudo tinha uma força incalculável e onde a regra era: «querer é poder». E nós, há 20 anos, quisemo-nos como ninguém. Hoje, com a distância higiénica necessária posso afirmar, com toda a certeza, que te quis de uma forma assolapada. Sem regras. Sem eira, nem beira. Ainda sinto, nas veias, a ressaca do que foi querer-te naquela altura. E, como em todos os «quereres» dessa intensidade, o nosso amor tinha tudo para dar errado. Eu, uma miúda de 20 anos, a viver, impulsivamente, cada gota que a vida académica jorrava; cada segundo que era sinónimo de «querer o mundo para ontem». Tu, um menino-homem, que precisava de se formar para ter ao seu alcance todas as ferramentas para, futuramente, ser alguém bem-sucedido. Eu queria viver. Tu querias crescer. Juntos quisemos pôr à prova um dos provérbios mais antigos de que há memória: «Os opostos atraem-se».

Os nossos opostos atraíram-se de forma insana. De uma insanidade que só se tem aos 20 anos. Que outro nome se dá, que não insanidade, a quem sai de casa, após o jantar, dizendo aos pais: «Vou só beber um café. Volto já.» e volta três dias depois? Pegar no carro e só parar no meio do Alentejo profundo era tão fácil nessa altura. Éramos invencíveis. Nada nos detinha. Uma conversa mal terminada, à hora de almoço, foi motivo suficiente para pegar no carro e desaparecer, durante três dias, envergando apenas a roupa que tinha no corpo. Se era no Alentejo que estavas, era no Alentejo que fazia sentido eu estar. E assim foi. Ainda tive a decência de telefonar aos meus pais, na manhã seguinte, para informar que não havia sido alvo de nenhum rapto, que ficassem descansados. Que outro nome se dá, que não insanidade, quando, no próprio dia de anos, se deixa o grupo de amigos pendurados com um bolo, só porque se recebeu uma chamada, onde a voz do outro lado da linha denotava vontade de fazer as pazes?

Tudo era sentido de forma exagerada. Aos 20 anos, desconfio que só sabemos sentir assim. E foi no sentir que também me marcaste. Foste responsável por teres a primazia do toque. Contigo descobri que a pele também se arrepia por dentro, que os gemidos podem ser dados em surdina e que se pode fazer amor em qualquer lado. Sim. Aos 20 anos, temos urgência em fazer amor. Urgência em termo-nos, ali, no meio da estrada, a caminho do Alentejo, ou entre dois carros, à saída duma discoteca.

Mas, aos 20 anos, os namoros também nunca acabam de forma serena. O nosso não foi exceção. Odiei-te. Odiei-te com a mesma força com que te amei. Odiei-te para sempre, porque me tinha jurado que também era para sempre que te amaria. Separámo-nos. Separámo-nos, essencialmente, porque eu continuei a querer viver e tu a querer crescer. E isso só foi possível fazendo caminhos separados. E, assim, as nossas vidas não se voltaram a cruzar. Depois disso, eu acabei, inevitavelmente, por crescer e tu acabaste por querer viver. Depois de alguns escassos contactos, durante estes anos todos, hoje voltei a reencontrar-te. Tropecei em ti, por acaso, na net. Vinte anos depois. E, 20 anos depois, a urgência voltou. Não aquela mesma urgência de pegar no carro e desaparecer durante três dias. Não. Vinte anos depois, eu já vivi e tu já cresceste. É uma urgência diferente. É uma urgência em confirmar que, mesmo tendo tudo para dar errado, os amores aos 20 anos nunca são um erro. São um marco. Os amores aos 20 anos tatuam-nos a pele por dentro. É possível sentir do que somos feitos. E, quando assim é, as regras voltam a ficar lá atrás. Voltamos a usar o «Querer é poder». Já não nos teremos, no meio da estrada, a caminho do Alentejo; já não faremos amor entre dois carros, à saída da discoteca, mas, 20 anos depois, vamos poder selar esta história com um sorriso e confirmar porque é que, às vezes, «os opostos se atraem».

3.

Ontem, liguei para a minha infância. Liguei-lhe de um telefone portátil, imaginem! De um telefone do tamanho das minhas mãos. Igual aos que víamos nas novelas brasileiras – mas muito mais moderno. Quando a minha infância atendeu, não quis acreditar que lhe estivesse a ligar de um telefone assim. Não achou que fosse possível. Achou que devia estar a ligar de um futuro mais longínquo. Desconfiou até, por momentos, que eu lhe pudesse estar a ligar de outro planeta.

– Não. Estou a ligar-te apenas 30 anos mais tarde.

Quis saber tudo. De um impulso só. Quis saber se era como imaginávamos quando éramos pequenas, quando a única preocupação era saber que personagem íamos encarnar, naquele instante. Bastava pensar e fazíamos acontecer. Bastava sonhar e começávamos, logo, a flutuar. Quantos países visitei, sentada nas escadas do prédio, imaginando estar num avião com asas grandes, que me levava até lá? Quantos vestidos de seda selvagem usei, com toalhas de mesa que, orgulhosamente, ostentei? Quantos jantares dei com sopas feitas de terra? Bastava querer e a força do sonho fazia acontecer. Ficámos à conversa. Daquelas conversas que se têm com os grandes amigos, durante horas sem fim. Daquelas conversas que nos levam até às memórias. Até às boas memórias. Entusiasmada, a minha infância quis confirmar se as coisas, agora, eram melhores. Quando somos pequenos, imaginamos que, em adultos, vai ser tudo muito melhor e que seremos, no mínimo, donos de metade do mundo. Porque, quando somos pequenos, basta sonhar e começamos, logo, a flutuar. Foi nessa altura que parei para pensar. Parei no tempo. Parei com o tempo. Não sabia, ao certo, o que lhe responder.

– São melhores, creio – acabei por responder, não, totalmente, convencida.

– Não me pareces muito convicta – intrigou-se, ela.

E não estava. Para poder ser honesta comigo – e, essencialmente, com ela, não tendo o direito de lhe roubar todos aqueles sonhos – pedi-lhe para me recordar como foi a nossa infância. Foram tantas as coisas que aconteceram desde então, que era preciso rever a matéria dada, tal e qual como fazíamos nas vésperas dos testes. E, devagarinho, ela começou a dissecar pequenos fragmentos de história. Da nossa história. Da história de tantos nós. Recordou-me, horrorizada, que a nossa infância foi vestida de roupas de fazenda – horrível, por sinal –, que a única função que tinha era picar-nos a pele – de tal maneira, que chegávamos a ficar em chagas, de tanto nos coçarmos. Por sua vez, no verão, não havia roupas de fazenda, mas, havia vestidos apertados e cheios de folhos, com sandálias e meias brancas de renda até ao joelho. Fechei os olhos e viajei até ao quarto da minha mãe para visualizar a fotografia, gigante, que ela insiste em manter exposta, comigo, tal e qual assim. Vestido vermelho, sandálias e meias brancas. De renda, claro. De seguida, saí do quarto para a minha infância me levar até à rua. Já lá, recordámos, de sorrisos rasgados na cara, as tais sopas de terra, o jogo do elástico – como era possível conseguirmos saltar, com o elástico pelo pescoço? – e as viagens ao pão quente, às sextas-feiras à noite. Foi tão bom recordar todos os cheiros, as cores e até o picar da fazenda na pele. Voltámos a casa. Sentámo-nos no sofá para recordar que as televisões só tinham dois canais e não tinham comando. Às segundas-feiras, era dia de jogos sem fronteiras e o festival da canção era de visualização obrigatória. Lembrámo-nos das férias de verão, do tostãozinho para o Santo António e de terminarmos a noite a saltar a fogueira. Quando queríamos saber dos nossos amigos, ligávamos para casa dos pais e perguntávamos, educadamente: «É da casa da Maria? Ela está?» Tínhamos cuidado com a conversa, pois todos os segundos entravam na conta, ao fim do mês.

Olhámos uma para a outra. Sabíamos que estava na altura de chamar a adolescência. E lá veio ela com a sua rebeldia que tanto gostava de ostentar. Já não trazia aquela permanente que tanto insistiu em fazer, quando tinha 13 anos – da qual se arrependeu, no mesmo segundo em que se viu ao espelho –, mas permanecia com a certeza de que já era muito adulta e que concentrava em si todas as verdades do mundo. Quando olhei para ela, sorri. Ainda pensei em lhe dizer o quão errada estava, mas escolhi ficar em silêncio. A adolescência serve para isso mesmo. Para perceber que todas aquelas verdades, irrefutáveis na altura, não passam de ferramentas de aprendizagem, fundamentais, para nos tornar mais fortes e conscientes. Deixei a adolescência contar tudo. O que era certo e o que fora tão errado. Tudo fazia parte. Senti-a a acalmar-se, serena e gradualmente, até que, por fim, me perguntou:

– Não percebo. Agora já podes ter tudo o que imaginaste, quando eras uma de nós. Já podes viajar, ter vestidos de seda e já podes ter grandes jantares. Porque nos ligaste, desse telefone futurista?

Sorrindo, chamei-as até mim. Pedi que nos sentássemos como fazíamos antes, naquelas escadas do prédio, quando viajávamos pelo mundo.

– É verdade. Hoje, tenho um carro que me leva onde eu quero estar; tenho uma panela, de verdade, onde faço sopas deliciosas e caio no erro – quase todos os meses – de comprar mais uma peça de roupa – da qual, felizmente, não preciso. Mas, de quando em vez, é preciso vir até aqui.

– Porquê? – perguntaram em uníssono.

– Para que nunca nos esqueçamos de que é aquilo com que sonhamos em pequenos que faz de nós grandes!

4.

«O problema é que não há nada que eu goste, realmente, de fazer.» Oiço, com algum desânimo, da boca das pessoas. De alguns amigos. E dou comigo a pensar: «E isto chega-te?» «É-te suficiente?» «Faz-te feliz?» «És feliz?»

Todos, ou quase todos, temos trabalhos que gostamos mais ou menos, temos ordenados que suportamos mais ou menos, temos dias mais ou menos, temos uma vida mais ou menos. Vivemos mais ou menos. Mas, quando somos confrontados com as perguntas – que, tantas vezes, achamos que são meros clichés –, não sabemos as respostas. Não sabemos o que responder. Falta-nos como responder.

Se te perguntassem o que realmente gostas de fazer, o que responderias?

Esquece o viajar, o conhecer o mundo, o comprar uma casa maior ou um carro topo de gama. Vou voltar a perguntar. O que gostas, realmente, de fazer? O que te faz abstrair, totalmente, do sítio onde te encontras? O que te faz ter a certeza absoluta de que as horas te pareceram escassos minutos? O que te faz ficar com a sensação de que te soube a pouco? O que te faz querer mais? O que te faz querer muito mais? Resumindo: o que te faz, realmente, feliz? Todos temos um plano A. Aquele no qual vivemos. Todos os dias. Um dia igual ao outro. Temos um emprego – precário ou não –, o qual mantemos mais por uma questão de sobrevivência do que por uma questão de conveniência. Temos um carro e uma casa, dos quais somos reféns durante dez, vinte anos. E temos uma vida que, se não for melhor, ao menos que não se torne pior. E, quando nos perguntam o que nos falta fazer, esperamos sempre que a resposta venha num boletim premiado do Euro milhões. E, aí, sim, desatamos a enunciar um rol de coisas que dariam para satisfazer três gerações. Mas, como o boletim premiado teima em tardar chegar, adiamos a vida por mais uma semana.

Conseguem imaginar algum pintor que não goste de pintar? Conseguem imaginar algum bailarino que não veja na sua expressão corporal o seu expoente máximo de libertação? Conseguem imaginar algum escritor que se expresse sem acreditar, minimamente, naquilo que escreve, que ficciona, que imagina? Conseguem imaginar alguém que pegue numa prancha e que entre no mar sem o perceber, sem o respeitar, sem o amar? Certamente, haverá quem o faça, mas com toda a certeza que não está nestas atividades pelas razões certas que deveria estar. Por paixão. Por intuição. De coração.

Ultimamente, tenho vindo a partilhar da opinião de que o problema não reside nas respostas que não sabemos dar. O problema reside nas perguntas que não sabemos fazer. Passamos metade da vida a tentar encontrar respostas para as perguntas das quais tendemos a fugir. Ficamo-nos pela chave do euro milhões porque assim não temos muito no que pensar. Aliás, com o euro milhões podemos, perfeitamente, comprar as perguntas e as respostas. E lá vamos nós por esse mundo fora – de avião ou num dos melhores carros do mercado – saber como é ser feliz. E se o euro milhões nunca chegar? Vais continuar com trabalhos mais ou menos, ordenados menos do que mais? E a ter dias mais ou menos, a ter uma vida mais ou menos? Vais continuar a viver mais ou menos? É certo – ou, se não for certo, é muito provável – que nem todos iremos conseguir subsistir fazendo o que nos dá, realmente, prazer. É provável que nem todos consigamos ser pintores de sucesso, bailarinos de elite, escritores de *best sellers* ou surfistas de renome mundial. É muito provável que tenhamos de manter um emprego mais ou menos e que continuemos a ter um carro mais ou menos. Mas há uma coisa que não pode continuar a manter-se mais ou menos. A vida. Não podemos continuar a viver mais ou menos. E, se não nos propusermos a tentar, nunca chegaremos a saber. Desconfio que grande parte do problema está, precisamente, aí. Temos medo de tentar. Porque não acreditamos que seja possível, porque achamos que a sorte só calha aos outros, porque amanhã tentamos. Hoje, ainda não. Mas sabem uma coisa? Os outros – os que um dia tiveram sorte – também começaram no zero. Também tentaram uma e outra vez. Também choraram antes de conseguir sorrir e também foram feitos de derrotas antes de serem feitos de conquistas. Mas, mesmo assim, foram. Insistiram. Acreditaram. Não desanimaram. E, hoje, são os tais sobre os quais dizemos que a sorte só calha a eles. Não é sorte, queridos amigos. É ousar viver.

Vou voltar a perguntar.

O que te faz, realmente, feliz?

5.

Há tempos, li um artigo escrito no masculino em que no meio de todas as palavras que me iam prendendo a atenção, existiram três ou quatro que me prenderam a respiração. Uma das coisas boas que o avançar da idade nos traz é a sabedoria. Não falo da sabedoria dos livros – essa será sempre intemporal. Há quem a aproveite desde sempre e há quem nunca a chegue a aproveitar. Essa sabedoria não tem idade. Falo da sabedoria da vida. Daquela que nos é oferecida pela experiência. Pela experiência que vamos adquirindo com as conquistas, pela experiência que vamos aprendendo com as derrotas, pelo preenchimento que nos chega com um sorriso e pela aprendizagem que fica de uma lágrima vertida. Essa experiência – a da vida –, por vezes, faz-nos achar que já temos o conhecimento necessário ou, no mínimo, o conhecimento básico sobre quase todos os assuntos. Achamos sempre que já experienciámos quase tudo e que isso é o suficiente para nos dar a bagagem necessária para não voltarmos a errar da próxima vez. Ou pelo menos para já sabermos minimizar os danos. Mas depois há sempre qualquer coisa que nos deita tudo isso por terra. Que nos muda as perguntas e que nos baralha as respostas. As relações humanas hão de ser sempre um dos maiores mistérios da humanidade. Desengane-se quem pensa que é sábio em relação a esse tema. Quem pensa que tudo sabe, arrisca--se, seriamente, a viver para sempre na ignorância.

Também eu não sou diferente. Também eu acho que já adquiri toda a teoria – porque é que na prática é sempre tudo tão diferente? – Para me saber resguardar de todos os males que se possam atravessar no meu caminho. Falo, obviamente, das tais relações humanas. Falo mais precisamente das relações entre homem e mulher. E eis que quando acho que já tenho o mestrado em «Desta vez é que vou ter um relacionamento perfeito e vou ser feliz para sempre», leio um raio de um artigo escrito por um homem e fico com a certeza de que, se calhar, nem o secundário acabaria com sucesso. Aquele artigo caiu em cima de mim como se tivessem decretado oficialmente a terceira guerra mundial nos meios de comunicação social. Então não é que a meio da leitura – que transmitia um ponto de vista nada convencional para quem está a falar no masculino – pude ler, entre outras, as seguintes palavras: «Nunca, jamais dês tudo de ti ao teu parceiro». Petrifiquei! Juro que o meu coração bombeou duas vezes mais rápido naquele momento; juro que o ouvi pulsar mais depressa e juro que aquelas palavras saíram do texto para virem bater de frente comigo tal e qual uma colisão grave frontal. Como não dês tudo de ti? Como assim? Como é que passamos metade da vida a formatarmo-nos para encontrar alguém que saiba apreciar, verdadeiramente, tudo o que temos guardado dentro de nós para, agora, nos virem dizer que o segredo é não dar tudo?

Fiquei em choque.

Afinal o «só sei que nada sei» tinha acabado de ter efeito prático. Aos poucos, fui recuperando a respiração e as cores devem-me ter voltado a face. Aos poucos, foi como se este choque frontal tivesse servido para um acordar letárgico em que me encontrava talvez desde sempre. Fui compreendendo as palavras e não as encarei como uma prepotência de alguém que se achava o rei da cocada preta. Não. Li-as como alguém que desmistificava um mito; como alguém que apreciava, verdadeiramente, uma mulher e, acima de tudo, de alguém que a respeita.

Então, afinal, o que entendi eu das suas – cruas – palavras?

Um homem gosta de admirar uma mulher. Gosta de admirar-lhe os pormenores, os gestos, os trejeitos, os seus mistérios. E, nós, mulheres, o que fazemos? Damos-lhes tudo. Achamos que é o que eles mais querem. Que é o que estão à espera. Aprendemos que essa é talvez a prova cabal de saber amar. Por isso, tantas vezes, esquecemo-nos de nós porque só pensamos no outro. Para o outro. Em função do outro. Mas, ao contrário do que possamos pensar, não é isso que um homem valoriza. Não é isso que faz um homem admirar uma mulher. Não é isso que vai fazer com que um homem fique com uma mulher – agora, que penso nisso, raramente, um homem fica com uma mulher assim (não me estou a referir àquela espécie de homens que fazem do egoísmo a sua maior bandeira. Para esses, só lhes servirão as mulheres que insistem em dar tudo e se contentam em receber nada). Um homem gosta de admirar a sua mulher, de a cortejar, de a sentir sua e, se lhe deres tudo, resta-lhes nada para admirar. Para desejar. Para querer. Um homem gosta de sentir que te conquista, diariamente, gosta de sentir que ganhou o jogo, mas que ainda tem o campeonato para alcançar. Um homem gosta de [te]explorar, devagarinho, dia a dia, gosta de [te] tornar a sua mulher, de [te] fazer sentir a mais bela delas todas. É assim que ele te vai fazer sentir especial, a única, a que o vai fazer ficar.

Sempre que caímos no erro de darmos tudo; de querermos dar tudo – e olhem que eu fartei-me errar –, o que vamos receber em troca é apenas uma mão cheia de desinteresse. Porque não resta nada para admirar, para conquistar, para descobrir. Esqueçam essa coisa de «o verdadeiro amor é aquele em que damos sem precisar de receber». Somos humanos, porra! Não somos máquinas. E até as próprias máquinas para nos dar algo, requerem um esforço prévio da nossa parte para obtermos o resultado desejado. Que nos dêmos uns aos outros. Sim. É fundamental para que as relações humanas resultem, mas não nos esvaziemos de nós na esperança de que a outra parte só se contenta quando dermos tudo. A única coisa que vamos conseguir é uma vida cheia de nada.

6.

Por favor, não fiques…

Estas são as últimas palavras que eu queria dizer-te, hoje…

Mas, hoje, obriguei-me a guardar todas as outras. Todas as outras palavras que te fariam ficar. Todas as outras palavras em que eu te pediria para ficares. Aqui. Comigo. Num hoje com sabor a sempre. Num sempre com sabor a vida. Numa vida com sabor a nós.

Estas são as últimas palavras que eu queria dizer-te, hoje…

Por favor, não fiques…

O ser humano, por defeito, é um ser altamente egoísta. Somos egoístas, por natureza. Somo-lo desde sempre. Temos um sentido de posse muito acentuado e, raramente, abdicamos daquilo que achamos que é nosso por direito. Nunca havemos de perceber, inteiramente, o «ninguém é de ninguém». Não fomos preparados para isso e desconfio que a própria genética também não ajuda. E tudo isto toma proporções exageradas quando entramos do domínio do amor – também desconfio que no amor tudo é exagero. Sentimos exageradamente para depois sofrermos despropositadamente. Quando gostamos de alguém – e encaremos, aqui, o gostar, no seu sentido mais lato – exigimos que esse alguém esteja sempre connosco. Quase que exigimos que esse alguém adivinhe os dias em que estamos bem, mal ou assim-assim. Ficamos sentidos quando a pessoa falha ou quando, naquele dia, em que tanto precisávamos, ela não esteve lá. A coisa sai fora do controlo se, por algum motivo, essa pessoa deixa de fazer parte das nossas vidas – penso que seja por isso que nunca iremos aceitar a morte. Porque queremos os nossos sempre connosco. Seja em que circunstância for. Mas nada disto pode ser mais errado. Por muito mais que nos rasgue a carne; por muito mais que nos fira o peito; por muito mais que as lágrimas teimem em não secar, não há nada mais errado do que querermos manter por perto quem já está longe.

Por isso, hoje, digo-te:

Por favor, não fiques...

Não te digo isto por não te querer. Não te repito estas palavras por não te desejar na minha vida. Muito pelo contrário. É precisamente por [ainda] ter a certeza do meu querer; é precisamente por [ainda] te sentir desmedidamente, que te digo que assim não te posso ter. O amor não pode ser servido morno, não pode ser feito de mais ou menos, não pode saber a «logo se vê». O amor é o agora. É o que nos mantém os sentidos apuados; é o que nos faz permanecer as pernas banzas; é o que nos faz ter a certeza de que afinal ser feliz é isto. O amor é ter a certeza que amar é mesmo assim. É sentir desta forma meia insana; é sentir desta maneira meia louca, mas na qual temos a certeza que não mudaríamos um segundo que fosse de tudo o que vivemos, sentimos e respirámos. Cheguei a um estádio da minha existência em que sou feita de certezas. Claro que também tenho dúvidas. Tenho-as, se calhar, todos os dias. Tenho de perceber primeiro se me serve; se me faz sentido; se ocupa todo o meu corpo; se é feito de todo o meu querer. Claro que sim. Claro que duvido, claro que questiono, claro que pondero. E claro que me engano. Que erro. Faz parte. É o processo natural de evolução. É o ciclo natural da vida. Mas, a partir do momento em que tenho a certeza; a partir do momento em que sei que sinto; a partir do momento em que sei que quero, em que sei o que respiro, entrego-me com toda a minha plenitude. Fico de corpo e alma. Sem filtros. Sem reservas. Sem medos. E, portanto, só posso ficar com alguém que sinta dessa forma. Que sinta assim. Que seja feito da mesma certeza de que eu sou feita; que tenha a mesma medida do meu querer e que sinta com o meu sentir.

No fundo, estou apenas a tentar simplificar.

Sim, exijo todo o teu querer. Quero conhecer todo o teu desejo; quero sentir toda a tua tesão; quero ser absorvida por toda a tua intensidade. Quero que me queiras viver como eu te quero viver. Quero que me queiras respirar como eu te respiro. Quero-te num hoje com sabor a sempre. Quero-te, hoje, como se não existisse o amanhã. Quero-te agora e quero-te para mim.

E se (ainda) não és feito deste querer; se (ainda) não és feito desta certeza, peço-te:

Por favor, não fiques…

Vai. Vai à procura do teu lugar. Vai em busca do que te faz querer ficar. Hoje. Amanhã. Num tempo sem horas marcadas. Vai sentir(te). Vai resgatar o que (te) faz sentido. Vai perceber qual é a morada da tua felicidade. Mas, por favor, não fiques por metade. Nunca te dês apenas mais ou menos, nunca te permitas sentir assim-assim, nunca deixes que seja apenas mais um dia. Não te contentes em seres apenas uma sombra daquilo que escondes. Não te permitas viver escondido atrás do que não sabes se queres, do que não sabes se sentes.

Vai. Porque, por muito mais que te queira (e quero), por muito mais que te goste (e gosto) e por muito mais que te deseje (e dese-jo), não posso pedir que fiques…

Vai. Por ti. Porque só deves ficar onde tiveres a certeza absoluta de que é ali que pertences.

Vai. Por mim. Porque eu (já) só me permito ficar ao lado alguém a quem não seja preciso pedir…

7.

É preciso ter coragem para ser feliz. E para o querer ser. Ao contrário do que nos tentam fazer crer, não, não basta dizer e pronto. Isso não chega. Não chega acordar, um dia de manhã e, em frente ao espelho, dizer para o reflexo do nosso eu: «A partir de hoje, vou ser feliz». Talvez seja assim o início do processo. De um longo processo. Talvez. É preciso ter coragem para ser feliz. E assumir querer sê-lo.

Um dia, numa daquelas conversas corriqueiras que temos ao longo da vida com os amigos – onde, às vezes, nos dá para nos questionar o sentido deste intervalo entre o ser e o sentir – dizia-me uma amiga que o pior que nos pode acontecer é o «mais ou menos». Porque, normalmente, o «mais ou menos» chega-nos. Chega-nos para pagar as contas ao fim do mês, chega-nos para nos aquecer os pés nas noites frias de inverno e chega-nos para sermos felizes mais ou menos. É viver mais ou menos. Com o «mais ou menos». E assim nos vamos deixando ficar. «Como estás? Mais ou menos». E aqui estamos nós. Parados. A marcar passo à espera que a vida passe. Absortos pelas metades que já nem desejamos que sejam inteiras. Envolvidos numa espécie de inércia onde «tomara que ninguém repare porque assim vamos conseguindo viver. Como? Mais ou menos. Antes assim do que pior». Habituamo-nos – com uma facilidade assustadora – ao «sou mais ou menos feliz». Temos medo de desejar mais. De querer mais. De ousar mais. Vergamo-nos ao mau presságio do que isso possa trazer. «É melhor não agoirar». O «mais ou menos» vai-nos chegando. Mesmo que nos ate as mãos, que nos prenda os pés e que nos tolhe o ser.

É preciso ter coragem para ser feliz.

Porque ser feliz implica, obrigatoriamente, momentos de tormento, de dúvida, de insegurança, de incerteza. Do abandono de nós próprios. Ou melhor, do abandono dos nossos medos, das nossas incertezas e das inseguranças. Arriscaria dizer que ter a coragem de ser feliz, implica momentos de profunda infelicidade. É preciso ter coragem de dizer que este «mais ou menos» que devia chegar, afinal não nos chega. Que precisamos de mais. De tão mais. É preciso abandonar verdades, despir estereótipos e combater os «mais ou menos».

É preciso ter coragem para ser feliz.

Desconfio até que a felicidade é um estado d'alma que se recusa determinantemente em assumir um carácter de permanência em nós, precisamente para que não nos habituemos a ele. Para que nunca deixemos de tentar. De ter coragem de tentar. Porque sim. Ser feliz é um ato de coragem. De ousar ser. De querer ser. Sou feliz porque me recuso a não o ser. E é essa recusa que custa. Que dói. Que demora. Que me julga. É essa busca pelo inteiro que não me deixa contentar com metades, que me faz negar esses «mais ou menos» e que não me permite querer os «assim-assim».

É preciso ter coragem para ser feliz.

Talvez ainda não o seja. Ou talvez ainda esteja à procura. Talvez morra tentando ou talvez nunca chegue a perceber quando é que a felicidade chega. Me chega. Mas de uma coisa tenho a certeza: sou feliz a partir do momento em que tenho a coragem de me recusar em não o (tentar) ser.

8.

Nem sempre vou estar em casa quando tu voltares do trabalho. Nem sempre vou ter a comida feita a horas e nem sempre a roupa irá estar impecavelmente passada quando precisares dela. Não vou ser mulher perfeita, que espera pelo marido e que lhe pergunta o que ele quer. Lamento, mas não vou ser assim. Não entendas isto como um ato de rebeldia ou como desleixo – que eu não me dou bem com desleixos –, e nem sequer o faço porque goste menos de ti. Não. Aprendi a ser assim, há relativamente pouco tempo, sabes? Aprendi que não temos de nos esvaziar de nós só para mostrar que sabemos cuidar dos outros. Aprendi que isso era um erro e que, mais tarde, se virava contra nós. Aprendi que não nos podemos substituir aos problemas dos outros e não devemos fazer deles os nossos problemas. Tu não tens culpa dos meus problemas, das minhas indecisões, dos meus medos e das minhas inseguranças. Mas também aprendi que não tenho de assumir os teus problemas. Não tenho de lhes sentir o peso, nem eles têm de me pesar no colo. Talvez isto possa parecer egoísmo, mas esta é a única forma de nos mantermos sãos. De nos mantermos alinhados e orientados para que não nos percamos de nós.

Sim, vou continuar a ir ao ginásio, vou continuar a tirar tempo para jantar com as minhas amigas e vou continuar a precisar de beber um copo de vinho sempre que a semana de trabalho tiver sido caótica. Talvez nunca chegue a ser a mulher que, na adolescência, achei que fosse ser para os outros, sabes? Exemplar. Porque aprendi, há relativamente pouco tempo que, exemplares, só temos de ser connosco.

9.

Há uns tempos, disseram-me:

– Não é amor, é perfeito!

Na altura, eu estava apaixonada por essa pessoa. E não há nada mais cruel do que ouvir a pessoa de quem gostamos dizer que o que está a acontecer entre eles não é amor. Como não é amor? Eu quero estar contigo, tu queres estar comigo, eu sinto-me bem ao pé de ti e tu sentes-te bem ao pé de mim, como não é amor? Como não? Andei a remoer nesta frase durante semanas.

Sempre achei que o amor-perfeito era aquele em que, se fosse preciso, deixaríamos de respirar para passarmos a respirar pela outra pessoa. Era aquele em que os pensamentos ficavam entorpecidos, a visão turva e o raciocínio baralhado. Sempre ouvi dizer que o amor-perfeito era para toda a vida. Assim, se algum dia ele nos batesse à porta, deveríamos convidá-lo a entrar e a instalar-se confortavelmente. Esqueceram-se foi de nos dizer que esses amores de perfeito têm muito pouco. Se seguirmos esta linha de raciocínio posso afirmar, veementemente, que já vivi vários amores-perfeitos ao longo da vida. Eis o que aconteceu:

Apaixonei-me. Mentira. Fiquei cega por amor. Idolatrei a pessoa. O nosso amor passou a ser a minha principal prioridade. Nada se punha à frente do nosso amor. Nem eu. Fazia tudo para estar disponível, os nossos programas eram perfeitos e quando surgia a oportunidade de irmos jantar fora, se me perguntassem onde gostaria de ir, a resposta era sempre a mesma:

– Escolhe tu!

Não fazia isto para agradar a outra pessoa. Acreditava efetivamente que um amor-perfeito, sincero, verdadeiro, era assim. Era feito de ajustes, de cedências, de ponderações e da simbiose profunda entre duas pessoas. Por isso, ficava desagradada quando os meus amigos me diziam que tinha deixado de aparecer, que estava diferente, que não era a mesma pessoa. Um dia, haveriam de perceber que, quando é amor, quando encontramos (o)a tal, as coisas mudam necessariamente. Já não vamos poder fazer os mesmos programas, já não podemos estar tantas vezes juntos, já não isto, já não aquilo.

Isto é a expectativa. O que na realidade acontece é que estes amores, com o passar do tempo, com o acalmar dos dias, tornam-se vazios. Quando um dos elementos do casal insiste em esvaziar-se em prol do outro, acontece isso mesmo, fica vazio de si. Fica sem conteúdo para oferecer de tanto dar. Irónico, não é? Ninguém, em condições ditas normais, quer ficar ao lado de alguém que, a única coisa que tem para oferecer, é a concordância com tudo o que essa pessoa faz e/ou diz.

É verdade que a única regra no amor é não ter regras e também é verdade que o amor deve ser vivido sem peso, conta e medida, no entanto, quer-me parecer que a única forma disso funcionar, é não doar o amor, mas sim partilhá-lo. Se nos esvaziarmos de nós, ficamos sem nada para partilhar. O segredo de um amor-perfeito é não termos de procurar a felicidade no outro, mas, sim, partilhar a felicidade que preservamos dentro de nós.

Quanto à frase que me disseram? Hoje, considero-a uma das melhores declarações de amor que já me fizeram.

10.

«Almas iguais não se conquistam. Pertencem-se.»

Foram estas as palavras que deixaste escritas, num talão de multibanco, em cima do tapete da sala. Foram estas as palavras que li assim que acordei. Experimentei, instantaneamente, um frio que nunca havia sentido – e não era pelo facto de estarem menos dois graus lá fora. Não. Era um frio diferente. Um frio que não gelava o corpo. Era um frio que gelava a alma. Que congelava o sangue nas veias, que retirava o oxigénio que nos permitia respirar. Ainda estava nua. E, agora, já nem a paixão me cobria a pele. Tinha a pele despida. Despida de roupa, por fora, e, por dentro, despedida de sentir. Só tive tempo de correr — o mais depressa que consegui — até encontrar o tampo da sanita para levantá-lo e expulsar o vómito, que me invadira as entranhas, segundos antes. Fiquei ali, durante alguns minutos. A vomitar o que, horas antes, dias antes, sentira e que, agora, era obrigada a expulsar de mim. O que não podia mais sentir. O que não me deixaste viver. Recompus-me na mesma proporção das minhas forças. Sentia-me um trapo velho e assim me deixei ficar. Saí da casa de banho, caminhando sobre os pés – descalços e frios – como alguém que desaprendera o andar. Voltei à sala gelada e cobri a pele com o cobertor que antes tinha servido para nos aquecer o corpo. E a alma. Deixei-me cair para o sofá de veludo preto, que estava em frente à lareira. Apanhei o talão de multibanco que continha as tuas últimas palavras e amachuquei-o — com todas as minhas forças — até o esconder na minha mão. Cerrei o pulso – ainda com mais força – como se, assim, te conseguisse prender a mim; como se, assim, tendo-te ali, fechado na minha mão, nunca mais pudesses sair.

Mas pudeste sair. E saíste. Saíste daquela sala como saíste da minha vida. Tal e qual como entraste. De rompante. Sem autorização. E agora? Como se apaga uma pessoa que está tatuada na pele? Arranca-se a carne? Como se esquece uma pessoa que rege as batidas do nosso coração? Pede-se que deixe de bater? Como se expulsa uma pessoa que habita em nós? Despejamo-nos? De nós?

As lágrimas inundavam-me o rosto e acumulavam-se na pedra que o tapete deixava ver.

– Almas iguais não se fazem isto, Duarte – disse, em tom monocórdico.

Fechei os olhos e corri para fora daquela sala gelada. Já não queria estar mais ali. Já não havia vida ali. Já não havia nada mais para viver ali. Fui ter connosco. Quando ainda não havia um nós, mas havia vida. Duas vidas cheias de vida. Entre as lágrimas que me petrificavam o rosto, surgiu um vago sorriso enquanto recordava o dia em que falámos pela primeira vez. Há nove, longínquos, dias. Naquele passeio junto à entrada do hotel. Tínhamos acabado de participar na reunião da empresa. Zurique era lindo. Antes de ir, tinha imaginado que seria uma cidade fria no inverno, mas nunca pensei que fosse tão fria. Esperava-me uma jornada de duas semanas de (muito) trabalho, pouco descanso e exageradas saudades do meu gato.

Era quinta-feira. Tínhamos aterrado há poucas horas e só houve tempo para um banho quente antes da reunião de trabalho. Cumprida a reunião, seguia-se o jantar, servido num dos restaurantes do hotel. Aproveitei o intervalo para ir à rua fumar e espreitar o telemóvel. Estava a enviar uma SMS à minha melhor amiga, quando dei pela tua presença. Acho que a mensagem nunca chegou a ser envida. Fiquei presa nos teus olhos e as tuas palavras ficaram presas na minha alma.

– Não consigo ver o teu corpo continuar a tremer de frio.

E, sem me dares tempo para responder, senti o teu casaco aconchegar-me. Desde esse dia, as nossas almas nunca mais sentiram frio. Afinal, Zurique podia ser uma cidade quente em pleno inverno. E, nos oito dias que se seguiram, respirámos um pelo outro, reaprendemos a sorrir, passámos a conhecer de cor a outra pele e soubemos porque é que, antes, não tinha dado certo com ninguém tivemos a certeza de porque é que ainda não tinha dado certo com mais ninguém. E, ali, no pico do inverno, vivi o meu melhor verão.

Até ler aquele talão de multibanco.

As malas estavam feitas. Tinha avião de regresso dali a três horas. Abri a mão – já dorida da imensa força que fizera – e atirei o papel para o fundo da lareira. Ali, arderiam as tuas últimas palavras, as memórias, a paixão, a esperança. Voltava sem ti e vazia de mim. Cheguei ao aeroporto com destino a uma vida cheia de nada. Sentei-me no lugar que me estava reservado e preparava-me para me afundar na música mais melancólica que encontrasse na minha *playlist*, quando ouvi…

– Almas que se pertencem não se juntam. Fundem-se.

Atenção:

adverte-se os leitores de que o uso
prolongado das #hashtags sugeridas
poderá causar elevadas doses de
dependência e felicidade. Colocar
sempre em local visível. Para
resultados mais eficazes sugere-se o

seu uso diário.

hashtags
(para a vida)

#gratidão

SOU GRATO(A) POR TUDO O QUE A VIDA DÁ.

nada acontece por acaso

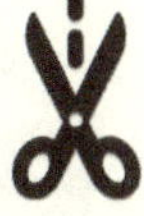

#fé

Confia na vida.

(nada acontece por acaso)

#felicidade

A felicidade começa em ti.

não procures nos outros aquilo que só tu (te) podes dar

#acreditar

DEVES-TE, PELO MENOS, A TENTATIVA DE SERES FELIZ.

Acredita na vida. Tudo vai correr bem!

#(re)começar

ÀS VEZES, É PRECISO VIRAR A PÁGINA.

É preciso deixar para trás tudo o que não nos deixa seguir em frente.

#sonhar

SONHA! (SONHA ALTO) NÃO FAZ MAL SONHAR ALTO.

O QUE FAZ MAL É DESISTIR DE SONHAR.

DESISTIR DO QUE NÃO NOS ACRESCENTA PARA ACEITAR O QUE A VIDA NOS DÁ.

Coisas boas estão para acontecer.

#humildade

Aceitar que vamos errar que nem sempre vamos ganhar, mas ter a certeza de que nunca vamos desistir *(de ser feliz)*.

É ACREDITAR QUE A NOSSA FORÇA SERÁ SEMPRE (muito) MAIOR DO QUE OS NOSSOS MEDOS.

#sabedoria

A (VERDADEIRA) SABEDORIA
NÃO ESTÁ NAQUILO
QUE APRENDES,
MAS NAQUILO QUE FAZES
COM O QUE APRENDESTE.

#caminho

Cada um tem o seu.
Tudo é uma aprendizagem.
Até os desvios fazem parte
da viagem.

(o que é teu, a ti chegará)

#motivação

NÃO PROCURES NOS OUTROS AQUILO QUE (SÓ) PODES ENCONTRAR EM TI.

Acredita. És especial.

#*vida*

A VIDA DÁ-TE SEMPRE AQUILO DE QUE PRECISAS. CONFIA!

#equilíbrio

ENTRE O DAR E O RECEBER,
O POSSUIR E O LARGAR,
MORA A (TUA) PAZ INTERIOR.

Ser feliz é o caminho.

#calma

CAPACIDADE DE NÃO ANTECIPAR AQUILO QUE TEM UM TEMPO PRÓPRIO PARA ACONTECER.

Confia!

#tempo

CADA COISA ACONTECE NO TEMPO CERTO.

A Vida Sabe o que faz

NÃO PRECISA DE SER PERFEITO, PRECISA DE SER SINCERO.

#paz

A PAZ INTERIOR É A MAIS IMPORTANTE.

NUNCA TE PERCAS DELA.

#foco

NÃO DESISTAS DOS TEUS SONHOS.

TUDO TEM UM TEMPO PRÓPRIO PARA ACONTECER.